강한 사람은
조용히 일하고
소리 없이
이긴다

시끄러운 세상에서 똑똑하게 앞서가는 최고의 전략

강한 사람은
조용히 일하고
소리 없이
이긴다

제시카 천 지음 | 이윤정 옮김

ORNADO
토네이도

처음에 나는 이 책을 아시아계 미국인을 위한 직장 내 커뮤니케이션 안내서로 구상했다. 하지만 작업을 진행하면서 전 세계 많은 사람들이 직장에서 내가 겪었던 어려움과 갈등을 똑같이 경험하고 있다는 사실을 알게 되었다.

직장에서 무시당하고 목소리를 내지 못하며, 보이지 않는 존재가 된 기분이 든다는 사람들은 어디에나 있었다. 중요한 점은 이러한 감정이 우리가 성장하면서 배운 가치와 신념에서 비롯된다는 것이다.

이 책은 '조용한' 환경에서 자랐지만 '시끄러운' 세상에서 일하고 있는 사람들, 일터에서 자신의 존재를 드러내고 주목받는 방법을 찾으면서도 그 과정에서 자신을 잃고 싶지는 않은 사람들을 위한 책이다.

이 책을 쓰면서 조용한 문화와 시끄러운 문화에 대해 많이 일반화하였다. '조용한 문화'와 '시끄러운 문화'의 개념을 대체로 설명했지만, 사실 두 문화 사이에는 책에서 설명한 것보다 더 미묘한 차이들이 있다.

조용한 성격이든 시끄러운 성격이든 어느 한쪽이 더 우수하다는 의미는 아니다. 두 성격 모두 가치가 있고 특성이 있다. 우리가 자란 환경 외에도 직장에서 의견을 표현하는 방식이나 자기 자신에 대해 느끼는 감정에 영향을 미치는 여러 요인이 있지만, 이 책에서는 그런 요인들은 다루지 않았다. 또한 자신을 드러내고 목소리를 내는 일을 더 어렵게 만드는 편견이나 차별, 괴롭힘에 대해서는 다루지 않았다.

인터뷰에 응해준 사람들의 이름은 신원 보호를 위해 변경했다. 소속이 공개된 경우에만 그들의 실명을 사용했음을 밝힌다.

서문

　대형 소비재 기업의 사원이었던 케빈은 팀장의 사무실에 들어가자마자 깊은 실망감을 느꼈다. 간절히 원했던 승진인데, 자신이 왜 탈락했는지 전혀 이해할 수 없었다. 문제의 원인을 파악하기로 결심한 그는 팀장인 벤에게 가서 마음을 무겁게 짓누르고 있던 질문을 했다.

　"제 성과를 마음에 들어 하셨는데, 왜 제가 승진하지 못한 건가요?"

　급한 일들을 동시에 처리하고 있던 벤이 케빈에게 말했다.

　"보여줄게요."

　그는 화이트보드 쪽으로 가더니 마커를 집어 들고 동그라미를 여러 개 그렸다.

　"이 동그라미들 안에는 지금 내 삶에서 벌어지고 있는 일들이 들어 있습니다."

벤이 설명을 이어갔다.

"나 역시 내 승진에 대해 고민하고 있고, 동시에 화가 나 있는 고객들도 생각하고 있습니다. 내가 저녁 모임에 동행하기를 원하는 아내도 있고, 최근에 다리를 다친 반려견과 곧 있을 아이들의 야구 경기도 걱정이 됩니다. 내 부하직원은 30명인데, 그중 3명은 늘 내 사무실에 와서 잡담을 합니다." 벤은 잠시 생각하다가 말을 이어갔다.

"당신은 내 사무실에 잘 오지 않죠. 이렇게 많은 것들이 내 머릿속을 차지하고 있는데, 내가 얼마나 자주 당신을 떠올릴 수 있겠습니까?"

케빈은 그 자리에서 멍해졌다. 그런 생각을 해본 적은 없었다. 그는 업무가 자신을 대변해줄 것이고, 그게 당연하다고 여겼다.

"나는 당신을 매우 좋아합니다. 당신은 잠재력이 뛰어난 직원이에요. 하지만 좀 더 적극적으로 내 사무실에 와서 자신의 존재를 각인시킬 필요가 있습니다." 벤이 덧붙였다.

이 이야기는 성공적인 직장 생활에 대해 줌으로 대화를 나누던 어느 날 오후, 친구인 마이클 천Michael Chen이 내게 들려준 이야기다. 그는 제너럴 일렉트릭 미디어, 커뮤니케이션, 엔터테인먼트 부문에서 사장 겸 CEO를 역임한 인물이다. 그의 이야기를 들으면서 나는 케빈의 처지에 깊이 공감할 수밖에 없었다.

나는 자라면서 눈에 띄는 법과 누군가의 우선순위가 되기 위해 끊임없이 확인하는 것이 얼마나 중요한지 배운 적이 없다. 적극적인 행동이나 요령 있게 말하는 것이 얼마나 중요한지도 배우지 못했다. 대신 열심히 일하고, 핵심 성과 지표를 달성하며, 문제를 일으키지 말아야 한다고 배웠다. 그렇게만 하면 승진과 승급은 저절로 따라올 것이라고 기대했다.

　하지만 케빈처럼 나 역시 얼마 지나지 않아 이 방식이 직장에서 성공하기 위한 공식이 아니라는 사실을 깨달았다. 직장에서 요구하는 것은 나를 돋보이게 하는 능력과 의사소통 능력이었다. 그리고 그 능력에 따라 보상이 따르게 만드는 것이었다. 이 지점에서 모순이 드러나기 시작했다. '조용한' 성격만 잘 살려온 내가 어떻게 '큰 목소리'를 낼 수 있을까?

　나는 '조용한 문화'에서 자란 사람들이 많다는 것을 알게 되었다. 나와 같은 사람들은 어릴 때부터 지시를 잘 따르고, 다른 사람의 말을 잘 듣고, 되도록 말을 적게 하면서 결과로 자신의 노력을 보여주어야 한다고 배웠다.

　반면 '시끄러운 문화'에서 자란 사람들은 자주 자신의 의견을 말하고, 많이 이야기하며, 스스로 기회를 만들어야 한다고 배운다. 어느 쪽이 더 좋은 것은 아니지만, 다른 문화 환경에서는 지금까지 배운 방식으로 주목받는 것이 어려운 경우가 많다.

직장에서 답답함을 느끼면서 나는 어떻게 해야 목소리를 내고 눈에 띄는 사람이 될 수 있을지 고민했다. 그 고민을 해결하기 위해 소통과 리더십 관련 콘텐츠를 보고 배우기 시작했다. 많은 통찰과 교훈을 얻었지만, 가장 시급한 문제는 해결되지 않았다.

'내가 조용한 문화에서 배운 가치를 계속 지켜야 할까? 아니면 시끄러운 문화에 맞추기 위해 내 성격을 바꿔야 할까? 그렇게 하지 않으면 나는 완전히 잊히게 될까?'

그러던 중 놀랍게도 나만 이런 고민을 하는 것이 아니라는 사실을 깨달았다. 나처럼 조용한 문화에서 자란 많은 사람들이 시끄러운 일터에서 사람들과 어울리기 어려워하고 있었다. 그들은 자신이 배운 대로 행동하는 것 외에는 어떻게 해야 할지 모르겠다고 답했다. 이 경험을 바탕으로 책을 쓰기로 했다. 이 책은 조용한 문화에서 성장했지만 지금은 시끄러운 세계에서 일하고 있는 사람들을 위한 책이다.

사실 이것은 단순히 성격이 내향적이냐 외향적이냐의 문제를 넘어선 깊은 차원의 문제이다. 성장하면서 배운 가치와 신념이 우리가 느끼는 편안함과 행동에 큰 영향을 미치기 때문이다.

시끄러운 세상에서 나답게 이기는 법

이 책은 내가 몇 년 동안 답을 찾으려고 고민했던 질문에 대한 안내서이자 개인적인 성찰이기도 하다. 시간이 지나면서, 나는 다른 문화에 맞추지 않아도 원하는 방식으로 주목받을 수 있다는 사실을 깨달았다. 우리는 자신이 자라온 조용한 문화를 존중하면서도 지식, 행동, 소통 방식을 확장하는 방법으로 일터에서 자신을 더 잘 표현할 수 있다. 이것이 1부의 핵심 내용이다.

먼저, 조용한 문화와 시끄러운 문화가 각각 어떤 모습인지 자세히 살펴본다. 그리고 문화적 재구성Cultural Reframe을 통해 두 문화 사이에서 균형을 찾는 방법도 알아본다. 문화적 재구성은 직장에서 사람들과 소통하고, 시간을 활용하며, 성과를 대하고, 갈등을 해결하는 방식을 새로운 관점으로 바라보는 데 유용하다.

나는 직장에 조용한 문화에 관한 고정관념이 존재한다는 사실을 잘 알고 있다. 그래서 이러한 편견을 극복하기 위한 방법과 우리가 자신에게 하는 말을 살펴보았다. '같은 일을 반복하면서 다른 결과가 나오기를 기대하는 것은 어리석은 짓이다'라고 하는 명언처럼 새로운 결과를 얻기 위해서는 새로운 로드맵이 필요하다는 점을 깨달았다.

2부에서는 문화적 재구성을 실천하는 방법을 다룬다. '조용한 자본 전략'을 실현하는 단계다. 조용한 자본 전략은 '커리어 브랜드 만들기, 신용 쌓기, 자신 지지하기'라는 3가지 중요한 기둥으로 구성된다. 이를 통해 원하는 방식으로 자신을 표현하는 방법을 배울 수 있다. 또한 업무에 이 3가지 기둥을 어떻게 적용할 수 있는지 단계별로 살펴본다. 타인이 우리를 어떻게 인식하고 평가하는지 알지 못하면, 많은 기회를 우연에 의존할 수밖에 없게 된다.

좋은 계획을 세웠다면 실행이 뒤따라야 한다. 사람들을 코칭하면서 아무리 눈에 띄는 방법을 알고 있어도 소통을 잘 하지 못하면 영향력이 약해진다는 것을 알게 되었다. 다시 말해, 아무리 많은 지식과 계획이 있어도 소통이 제대로 되지 않으면 쓸모가 없다.

3부에서는 소통 기술에 관해 이야기한다. 이 부분은 매우 실용적이고 전술적인 느낌이 드는 부분인데, 의도적으로 그렇게 썼다. 여기에서는 직장에서 무엇을, 어떻게 말해야 효과적인지에 대한 실질적인 소통 전략을 살펴본다. 또한 상황별 대화법, 신체 언어 사용하기 등 구체적인 상황에서 조언이 필요한 경우 해당 페이지로 바로 넘어갈 수 있게 구성했다.

나는 글로벌 커뮤니케이션 교육회사인 소울캐스트 미디어를 창업하기 전, 거의 10년간 방송기자로 일했다. 샌디에이고의 ABC방송국에서 에미상을 수상한 경험은 내 뉴스 경력에서 정점을 찍은 순간이었고, 회사 창업을 결심하게 된 계기가 되었다. 방송사를 떠나 위험한 비즈니스 세계에 뛰어든 이유 중 하나는 직장에 다니면서 배웠던 소통 기술과 목소리를 내는 방식이 더 넓은 세상에서도 유용하게 활용될 수 있다는 것을 깨달았기 때문이다.

유창한 연사들이 매끄럽게 발표하고, 어려운 주제를 재치 있고 설득력 있게 전하는 모습을 보는 일은 마치 커뮤니케이션 마스터 클래스를 수강하는 것과 같았다. 이러한 경험은 사고방식과 전략을 바꾸는 계기가 되었다. 나는 '시끄럽게 구는 것'이 아니라 '현명하게 행동하는 것'이 중요하다는 교훈을 얻었다. 나는 훌륭한 언론인들의 전략을 직접 관찰하고 이를 적용하면서 해답을 찾았다. 그리고 정당한 이유가 있으면 큰소리로 외치지 않아도 충분히 눈에 띌 수 있다는 것을 알게 되었다.

소울캐스트 미디어를 창업한 후, 시끄러운 문화가 지배적인 직장에서 일하는 수많은 리더와 직장인들로부터 조용한 문화의 특성과 그로 인한 문제를 다뤄준 것에 대해 감사하다는 말을 자주 들었다. 그중 하나는 다음과 같은 편지였다.

'저는 겸손을 강조하고 조용하게 일하는 문화에서 성장했습니다. 하지만 이러한 방식이 직장에서 성공하는 데 항상 효과적이지는 않았습니다. 저는 이 장벽을 극복하기 위해 많은 책을 읽고 강의를 들었지만, 문화적 갈등에 대해 들어본 적도 없고, 실질적이고 구체적인 조언도 얻지 못했습니다. 이게 핵심이라고 생각합니다. 대표님의 말씀을 마음 깊이 새기고 '황금' 같은 조언들을 직장에서 적용하겠습니다.'

이 책에 담긴 황금 같은 조언들은 당신에게도 새로운 길을 제시해 줄 것이다. 또한 이 책은 시끄러운 문화에서 자랐지만, 조용한 문화의 가치관을 이해하려는 사람에게도 도움이 된다. 그래서 시끄러운 문화에서 자랐으나, 조용한 문화의 특성에 공감하는 사람들 역시 이 책에 소개되어 있는 영향력을 키우는 로드맵의 도움을 받을 수 있을 것이다.

이 책을 읽으면서 조용한 문화의 특성을 가진 사람들에 대한 인식을 바꾸고, 더 나은 직장을 만들어갈 수 있을 것이다. 직장 내 복잡한 문제에 대한 완벽한 해결책은 아닐지라도, 겉으로는 보이지 않지만 중요한 요소들이 어떻게 작용하는지 이해하는 데 도움을 줄 것이다.

오늘날 전 세계 수백만 명의 사람들에게 영향력을 미치게 되어 영광이다. 내 강의는 링크드인 러닝LinkedIn Learning에서 꾸준히 인기를 얻고 있다. 200만 명이 넘는 사람들이 시청했는데, 그중 많은 수가 글로벌 리더들이다. 포춘 100대 기업들로부터 경쟁이 치열한 비즈니스 환경에서 자신을 잘 드러내고, 동료들의 협조를 이끌어내는 방법에 대한 강연 요청을 자주 받는다.

직장에서 존재감이 없고, 아이디어를 발표하고 공유하는 데 어려움을 겪었던 예전의 나는 여전히 존재한다.

중요한 점은 우리의 모습을 완전히 바꾸는 것이 아니라, 조용한 문화의 가치를 받아들이고 그것을 재구성하여 당당하게 주목받는 것이다.

이제 당신도 그렇게 할 수 있다!

목차

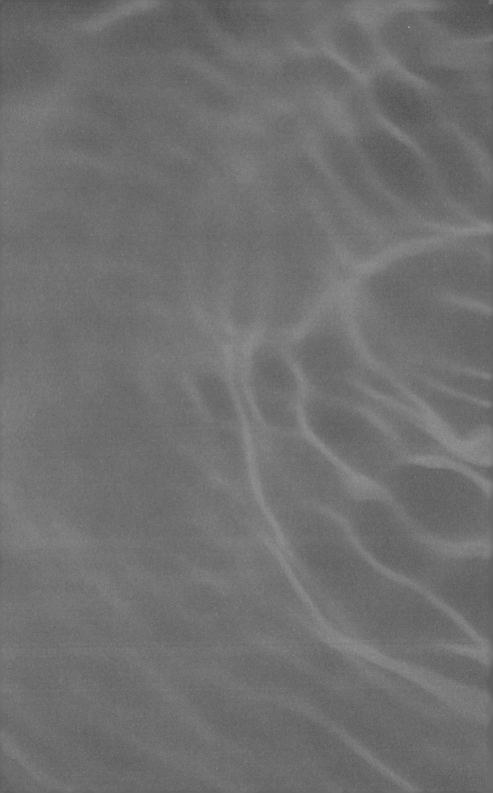

1부
시끄러운 사람들이 넘쳐나는 세상

어린 시절, 인격이 형성되는 시기에는 가족과 친구들의 영향을 많이 받는다. 이 시기에는 현재 환경과 조건에 맞는 지침을 배우게 된다. 하지만 이때 배운 원칙 때문에, 지금 우리가 살아가는 세상에서 서로 다른 문화들이 충돌할 때 막막함을 느낄 수 있다.

우리는 조용한 문화의 렌즈를 통해 세상을 보지만, 직장에서는 시끄러운 문화에서 성장한 사람들이 더 많이 보상받을 가능성이 높다. 여기서는 두 문화의 차이와 조용한 문화에 대한 편견을 살펴보고, 직장이라는 세계를 항해하기 위해 이러한 갈등을 어떻게 재구성할 수 있는지 알아본다.

1장

시끄러운 일터에서
살아남기

오래된 어린 시절의 기억 중 하나는 밤 10시 뉴스를 틀어 놓고 카펫 위에 누워 있던 모습이다. 옆에는 동생이, 뒤에는 부모님이 소파에 앉아 뉴스를 봤다. 모두가 함께 TV를 보며 하루를 마무리하는 의식은 우리 가족의 전통처럼 여겨졌다.

어느 날 밤, 엄마가 TV에 나오는 기자들을 가리키며 말했다.

"제시카, 언젠가 너도 어른이 되면 저 사람들처럼 뉴스에 나오면 좋겠구나."

"왜요?" 내가 물었다.

"그러면 네가 어디에 있는지 엄마가 매일 볼 수 있고, 네가 안전하다는 것도 확인할 수 있잖아." 엄마가 미소를 지으며 대답했다.

당시 6살이었던 내게 이 가벼운 말은 별 의미가 없었지만, 15년 후 나는 엄마가 꿈꾸었던 바로 그 자리, TV 뉴스 현장에 서 있었다.

졸업을 앞두고 나 역시 여느 대학생들처럼 '앞으로 무슨 일을 해야 할까?'라는 질문에 고민하기 시작했다. 이 질문이 주는 무게와 불안감에 전 세계의 학생들이 밤잠을 설치곤 한다. 그러나 언론인의 길을 고민하기 시작한 순간, 내가 가야 할 길이라는 확신이 들었다.

다양한 분야를 배우고, 현장의 중심에서 일하며, 세상을 더 나은 곳으로 만들 수 있다는 희망이 다른 직업과는 비교도 되지 않을 만큼 매력적으로 다가왔다. 운명처럼 느껴진 그날 밤, 엄마가 내게 심어준 작은 생각의 불씨가 맹렬한 불꽃으로 피어올랐다.

학교를 졸업하고 몇 달 후, 네바다주 리노에서 뉴스 리포터로 입사하게 되었다. 화려한 경력을 쌓을 수 있다는 기대감으로 첫 직장의 일을 시작했다. 꿈에 그리던 직업을 갖게 되어 자랑스러웠지만, 이 일이 생각보다 훨씬 많은 노력을 요구한다는 사실을 곧 깨닫게 되었다.

나는 평범한 언론인이 아니라 최고의 언론인이 되고 싶었다. 그래서 깨어 있는 모든 시간을 배움과 연습에 쏟아부었다. 직장에서는 팀장의 모든 지시에 귀를 기울였고, 조언은 하나도 빠짐없이 실천에 옮겼다.

퇴근 후에도 혹시 놓친 부분이 있는지 확인하기 위해 늦은 시간까지 문서를 뒤적였다. 주말에는 성공한 언론인들의 책을 읽으며 그들의 통찰력을 배우고, 롤모델이 필요할 때면 좋아하는 앵커의 방송을 반복해서 시청했다. 열심히 노력하면 언젠가 나도 그들처럼 될 수 있으리라는 확신을 가졌다. 나는 언론과 함께 살고, 숨 쉬었다.

모순이 느껴지기까지 오랜 시간이 걸리지 않았다. 아무리 열심히 일해도 직장에서 큰 기회가 오지 않았다. 나는 늘 기본적인 프로젝트만 맡았지만, 그 이유를 알 수 없었다. 흥미로운 취재거리가 들어와서 내가 관심을 보여도 그 일은 다른 사람에게 배정되곤 했다. 처음에는 신입이라서 그러려니 했지만, 이후 나보다 늦게 입사한 후배들이 들어와도 여전히 선호도가 낮은 프로젝트들만 받았다. 무시당하고 소외되며, 심지어는 보이지 않는 존재가 된 것 같은 기분이 들었다.

나는 생각했다. 팀장의 지시를 하나도 놓치지 않고, 할 일을 완벽히 해내는데 왜 나는 배제되는 걸까? 기대하는 것과 현실에는 큰 차이가 있었고, 그 이유가 무엇인지 알아내야 했다.

첫 직장에서 일을 시작한 지 몇 달 후, 문제가 극에 달했다. 뉴스룸에 미 공군 시범비행대 '선더버드Thunderbirds'가 2주 후 우리 도시를 방문한다는 소식이 전해졌다. 이 에어쇼를 홍보하기 위한 캠페인의 일환으로 기자 한 명이 고속 항공기에 함께 탑승해 취재할 수 있는 기회가 생겼다. 군인들만 탈 수 있는 고속 항공기를 경험할 수 있다는 생각에 나는 흥분된 마음으로 팀장에게 취재를 하고 싶다고 말했다.

"좋아요, 그렇게 하세요!" 팀장이 흔쾌히 대답했다.

웃는 얼굴로 회의를 마친 나는 용기 있게 의사를 표현한 자신이 자랑스러웠다. 나는 2주 내내 어떻게 기사를 준비할지 구상하며 기대에 부풀었다. 이번 기회가 내게 얼마나 특별한 경험이 될지 상상하면서 말이다.

드디어 에어쇼 당일, 기자와 프로듀서들이 회의실에 모여 편집 회의를 시작했다. 나는 자리에 앉아 팀장이 에어쇼 계획을 발표하기를 기다렸다. 그런데 팀장이 발표한 이름은 내 이름이 아닌 다른 사람이었다.

"이번 취재는 벨라가 맡을 거예요. 벨라가 항공기를 타기로 했습니다."

그 말을 듣는 순간 팀장쪽으로 고개를 돌렸다. 가슴이 철렁 내려앉는 느낌이었고, 내 얼굴에도 실망과 충격이 그대로 드러났다. 팀장은 내가 투명인간이 된 것처럼 나를 외면한 채 발표를 이어갔다. '내' 기사라고 생각했던 취재를 다른 사람이 맡게 되었다는 사실에 속이 뒤틀렸다.

회의가 끝난 후, 실망감에 속이 상했지만 용기를 내어 팀장에게 다가가 물었다.

"혹시 기사를 다른 사람에게 맡기신 이유가 있을까요?"

실망한 기색을 비치지 않으려고 가까스로 참으면서 말했다.

"이 취재를 정말 하고 싶었는데, 왜 벨라에게 맡기셨는지 궁금합니다."

팀장이 잠시 당황한 듯 나를 쳐다봤다.

"아, 맞다. 자네가 말했었지." 그가 대답했다.

"그런데 벨라가 일주일 내내 하고 싶다고 하는 바람에 먼저 생각이 났네. 미안하네. 자네는 다음 기회에 하자고!"

그 순간, 다음 기회가 없다는 것을 어렴풋이 알 수 있었다. 그러나 달리 할 수 있는 것이 없었다. 자리로 돌아가며 팀장이 한 말을 곱씹었다.

'먼저.' '일주일 내내.'

에어쇼가 열리기 전 2주 동안, 내가 취재하고 싶다는 것을 팀장에게 다시 한 번 어필해볼까 고민했었다. 하지만 팀장을 귀찮게 하거나 방해하고 싶지 않아서 결국 그러지 않기로 했다. 어떻게 하면 강압적이지 않으면서도 팀장의 머릿속에 우선순위를 차지할 수 있는지 알 수 없었다. 이럴 때마다 앞으로 무엇을 어떻게 해야 할까?

운명적인 그날, 팀장의 말을 곱씹으며 책상에 앉았을 때 무언가 바뀌어야 한다는 생각이 강하게 들었다. 그래서 기자답게 문제를 분석하기로 결심하고 조사를 시작했다. 그리고 나 자신에게 여러 가지 질문을 던졌다.

- 왜 나는 무언가를 요청할 때 한 번이면 충분하다고 생각했을까?
- 왜 팀장이 나를 기억할 것이라고 확신했을까?
- 왜 반복해서 확인하면 그가 불편할 거라고 생각했을까?

깊이 들여다볼수록 내가 주목받고, 기억에 남고, 인정받으려는 방식이 무의미하다는 걸 깨달았다. 나는 팀장에게 강압적이거나 성가신 사람으로 보이는 것이 두려웠고, 거절당하는 모습을 상상하며 머뭇거렸다. 가끔 '내가 정말 잃을 게 있을까?' 하고 자문했지만, 마음속에선 곧 곤란한 상황에 처하거나 불이익을 당할 것 같은 두려움이 솟아났다.

이런 두려움은 단순히 내가 하고 싶은 말을 자제하는 데 그치지 않았다. 때로는 회의 중에도 하고 싶은 말을 억누르고, 부정적인 생각이 떠오를 때면 내 참을성과 전문성을 의심하며 스스로를 책망했다.

처음에는 이런 감정이 드는 게 단순히 내 성격 탓이라 여겼다. 내성적이고 수줍음이 많고 소심한 탓에 직장에서 소통하는 게 어렵다고 생각했다.

하지만 일상에서의 모습을 돌이켜보니 성격 문제가 아니었다. 가족이나 친구들과 함께 있을 때는 자유롭게 말하고 불안해하지 않았던 내가 일터에서는 갑자기 달라졌다. 마음속 깊은 곳에 내 입을 닫게 하고, 내 생각을 중요하지 않게 여기며, 내 능력에 의문을 가지도록 만드는 힘이 작용하고 있음을 알게 되었다. 나는 묵묵히 일했지만, 시간이 지나면서 직장에서 나에게 기대하는 모습은 다른 방향이라는 것을 깨닫게 되었다.

조용한 문화 vs 시끄러운 문화

일터에서 자신감을 가지고 소통하도록 돕는 일을 오랫동안 해오면서, 나는 조용히 생각하고 행동하는 것이 편한 사람들이 있다는 사실을 발견했다. 이런 사람들은 회의를 할 때 말을 하기보다는 듣는 편이고, 토론에 참여하기보다는 지시에 따른다. 다른 사람들의 의견을 지지하지만 자기 자신을 옹호하지는 않으며, 관심과 칭찬을 부담스러워한다. 위험을 최소화하기 위해 자신이 아는 범위 내에 머무르려는 경향이 있다. 조용한 문화권 출신의 사람들은 직장에서 흔히 '조용한 사람'처럼 보인다.

반대로, 시끄러운 문화권에서 온 사람은 침묵하기보다는 말하기를 더 선호한다. 이들은 토론에 적극적으로 참여하고, 규칙이나 과정, 구조를 다르게 해석할 여지가 있는 것으로 본다. 대립을 무례하게 여기지 않고, 서로의 생각을 표현하는 방법으로 이해한다. 이러한 문화의 특성을 가진 사람들은 자신의 업무나 성과에 대해 말하는 것도 주저하지 않는다. 서구권에서 일할 때는 개인주의, 자기결정권, 자율성이 강조되기 때문에 '시끄러운' 행동을 하는 사람이 더 많은 보상을 받는 경향이 있다.[1]

그럼 왜 이렇게 된 것일까? 서구권 기업들뿐만 아니라 많은 직장에서 시끄러운 문화를 중요시하는 이유는 무엇일까? 그 답은 수천 년 전 서구 사회가 형성되어 온 과정에서 찾을 수 있다. 서구 민주주의의 철학적 토대는 그리스 이데올로기에 뿌리를 두고 있다. 아리스토텔레스Aristoteles 같은 철학자들은 개인주의, 즉 자신의 길을 개척하고, 자신의 생각을 말하며, 자신의 미래를 만들어 가는 능력에 대해 이야기했다. 실제로 당시 생각을 말하고, 공개적으로 토론하거나 이의를 제기하는 능력은 단순히 기대되는 능력이 아니라 보상으로 이어지는 능력이었다.

심리학자 리처드 니스벳Richard E. Nisbett은 저서《생각의 지도The Geography of Thought》에서 인상 깊은 사례를 제시했다.

'그리스인들의 주체성은 토론의 전통을 활발하게 만들었다. 평

민이 왕에게 도전할 수 있었을 뿐만 아니라, 말로 청중을 자신의 편으로 만들 수도 있었다.'

현대에서도 마찬가지다. 직장에서 젊은 직원이 주어진 업무를 잘하는 것에 그치지 않고, 비효율적인 방식이나 낭비되는 비용 등의 문제를 발견했을 때 이를 지적하고 수정하며, 남들이 꺼려하는 프로젝트를 맡는 것을 두려워하지 않으면 빠르게 성장할 수 있다. 나아가 자신의 생각을 표현하고 옳은 방향으로 밀고 나갈 때 오히려 칭찬을 받는다.

세계적인 기업에서 원하는 핵심 인재의 조건들을 살펴보면, 그 중 하나는 '자신을 알리는 것'이다.

미국의 종합 인터넷 플랫폼 아마존의 핵심 리더십 원칙은 '크게 생각하라'이다.[2] 이는 결과를 이끌어내는 대담한 방향을 제시하는 능력을 의미한다. 아마존에서는 직원들이 분명하게 의견을 말하고, 의견에 차이가 있을 경우 공개적으로 의견을 제시하며, 최종 결정에 동의하고 실행에 옮기기를 바란다.

급여 관리 소프트웨어 회사 구스토는 자사의 5가지 핵심 가치 중 하나로 '토론과 헌신'을 강조한다.[3] 핀테크 회사 에노바의 엔지니어링 부서 책임자는 자사의 혁신 능력이 '대담하고 빠르게 움직이자'라는 모토에서 나온다고 전했다.[4] 구글은 2009년에 진행한 연구에서 '오늘날 좋은 리더가 갖춰야 할 자질은 기술적인 전

문성이 아니라, 대화와 질문을 통해 다른 사람의 문제를 해결하는 능력'이라고 밝혔다.[5]

미국에서 기업들은 '선점자 우위first-mover advantage' 효과를 얻기 위해 시장에 빠르게 진입하려 한다.[6] 비록 최초가 되는 것이 항상 유리한 것은 아니라는 연구 결과도 있지만, 사람들은 여전히 가장 혁신적인 팀이 되기 위해 힘쓰며, 시장은 혁신적인 성과를 낸 팀에게 보상과 영예를 안겨준다. 이처럼 서구권에서 성공하려면 기업이 기대하는 적극성과 소통 능력을 갖추는 것이 중요하다.

하지만 일을 할 때 대담하고 솔직하게 의견을 말하는 것은 내게 쉬운 일이 아니었다. 생각을 마음에 담아두고 눈에 띄지 않는 존재가 되는 것이 생존 방법이자 일반적인 환경에서 성장했다.

대만에서 미국으로 이민을 왔을 때 부모님은 아무것도 가진 것이 없었다. 새로운 나라로 가는 것은 새로운 시작을 의미했지만, 그때 우리에게 있었던 것은 더 나은 미래를 만들 수 있다는 가능성뿐이었다.

그래서 부모님은 첫날부터 빠르고 조용히, 그리고 부지런히 일하기 시작했다. 위험을 감수하기보다는 안정과 절약, 안전을 중요하게 여기셨고, 이런 가치가 부모님의 모든 일과 결정에 영향을 주었다.

부모님은 자식인 우리에게도 이러한 가치를 기대했고, 나와 동생을 키울 때 그런 사고방식과 믿음을 따르도록 가르쳤다. 그리고 이 가치들이 성공하는 데 필요한 자질이라고 강조했다.

조용한 문화는 환경, 인종, 부모의 성격 등의 영향을 받는다. 그래서 많은 사람들은 일을 시작하면서 조용한 문화와 시끄러운 문화의 차이를 처음으로 느끼게 된다. 이때 새로운 규칙과 기대되는 행동, 기술을 배우는 과정을 조직 사회화organizational socialization라고 말한다.[7] 온보딩 교육, 직장 멘토와 함께하는 경험, 회의에서 다른 사람들의 행동을 보면서 조직의 말과 행동의 규칙을 배우기 시작한다. 그 과정에서 자신에게 익숙한 행동 방식과 다른 행동이 필요하다는 것을 깨닫게 된다.

그의 행동이 묘하게 불편했던 이유

조용한 문화와 시끄러운 문화에서 성장한 사람들의 차이점을 자세히 알아보자. 나는 이러한 차이를 '직장 내 문화적 이중성'이라고 부른다.

	조용한 문화	시끄러운 문화
소통 방법	말하기보다는 듣는다.	토론과 이의 제기를 통해 참여한다.
시간 활용	고개를 숙이고 묵묵히 일한다.	인맥을 쌓는 데 시간을 투자한다.
성과 관리	겸손하게 행동하고 자랑하지 않는다.	사람들에게 성과를 알린다.
갈등 대처	평화를 유지하기 위해 갈등을 피한다.	문제를 공개적이고 정직하게 해결한다.

직장 내 문화적 이중성

이중성을 전체적으로 살펴보면 '소통 방법, 시간 활용, 성과 관리, 갈등 대처'라는 4가지 영역에서 조용한 문화와 시끄러운 문화 사이에 뚜렷한 차이가 있음을 알 수 있다.

먼저, 소통하는 방법에 차이가 있다.

조용한 문화에서 자란 사람들은 말하기보다 듣는 것이 자연스럽다. 우리는 자라면서 다른 사람들의 말을 경청하고 그 말을 따르는 것이 바람직하다고 배웠다. 말해야 할 때는 다른 사람의 말이 끝날 때까지 기다리거나 주의를 끌지 않도록 신중해야 한다고 들었다. 그래서 추가 설명이 필요할 때는 손을 들어 관심을 표시하고, 상대의 기분이 상하지 않도록 조심스럽게 질문을 던졌다.

반면, 시끄러운 문화에서 자란 사람들은 소통에 있어 더 유연하고 여유 있다. 이들은 회의에서 침묵하는 것보다는 자신의 생각을 적극적으로 나누고, 의견을 덧붙이는 것이 더 나은 방법이라고 믿으며 자신감 있게 말한다.

또한 조직의 예산권과 인사권을 가지고 있는 팀장이 함께 회의에 참석하더라도 그가 하는 모든 말에 무조건 동의해야 한다고 생각하지 않는다. 이들은 팀장을 안내자이자 다른 의견을 수용할 수 있는 사람으로 간주하며, 자유롭게 의견을 나누고 토론하는 것을 중시한다.

이들은 논쟁을 피하지 않으며 이의를 제기하는 데 망설임이 없다. 실제로 서구권 직장에서는 자신의 의견을 당당하게 말하는 사람을 높이 평가하며, 이것을 리더십 자질로 보는 경향이 있다. 또한 연구에 따르면 생각의 깊이보다 말의 양이 더 중요한 경우가 많다고 하는데, 이를 '수다 가설babble hypothesis'이라고 부른다.[8]

둘째, 시간 활용에 차이가 있다.

조용한 문화에서 자란 사람들은 열심히 일하고 지시에 따르라고 배웠다. 성실하게 시간을 투자하면 노력에 대한 보상을 받을 수 있다는 믿음 때문이다. 기술과 분석력이 전문가로 성장하는데 중요한 능력이라고 생각하기 때문에 이 능력을 기르기 위해 집중한다. 그 결과, 대인관계나 효과적인 의사소통 같은 소프트 스킬을 개발하는 데는 시간을 투자하지 않고, 대신 숫자와 책을 더 가까이하게 되었다.

반면, 시끄러운 문화에서 자란 사람들은 업무뿐만 아니라 자신의 영향력을 키울 수 있는 프로젝트에 시간을 투자하는 것도 중요하게 생각한다. 이들은 일을 하면서도 사람들과 어울리고, 행사에 참석하며, 잡담을 나누면서 대내외적으로 인맥을 넓히는 데 많은 시간을 할애한다. 시끄러운 문화에서 자란 사람들은 그 시간이 바로 데이터나 금전적인 성과로 나타나지 않더라도, 강력한 업무 관계를 구축했다면 그것이 충분히 가치 있다고 여긴다.

셋째, 성과를 대하는 태도가 다르다.

조용한 문화에서 자란 우리는 항상 겸손해야 하고 자랑은 삼가야 한다고 배웠다. 그래서 좋은 성과를 냈을 때 자신을 내세우기보다는 공을 다른 사람에게 돌리려고 한다. 인정받으면 기분은 좋지만, 성과를 사람들 앞에서 이야기하거나 자신을 알리는 것은 어려운 일이다. 일을 잘하면 사람들이 알아봐 줄 것이고, 그 일이 나를 대신해서 말해줄 것이라고 믿는다.

반면, 시끄러운 문화에서 자란 사람들은 자신의 성취를 당당하게 드러낸다. 이들은 자신이 한 일을 다양한 방식으로 표현하며, 성과를 드러내는 기회를 최대한 활용해 주목받으려고 한다. 자신감 있게 행동하며, 자신의 역할을 적극적으로 알린다.

마지막으로, 갈등에 대처하는 방법이 다르다.

조용한 문화에서는 조화를 이루고 이를 유지하는 것이 중요하다. 우리는 가능하면 문제를 일으키지 말라고 배웠기 때문에 대립적인 대화는 피하려고 한다. 그래서 문제가 생기면 상대의 의견에 동의하지 않더라도 그냥 따르거나, 다른 사람에게 부담을 주지 않기 위해 혼자 문제를 해결하려고 노력한다.

반면, 시끄러운 문화의 사람들은 난처한 상황에 직면하더라도 정면으로 부딪히는 것을 주저하지 않는다. 갈등을 불편하게 느끼더라도 부정적인 상황으로만 보지 않는다. 오히려 문제를 해결해야만 발전할 수 있다고 생각하며, 갈등을 해결의 기회로 여긴다.

한발 물러났다가 다시 힘차게 나아가는 파도처럼

처음에는 조용한 문화와 시끄러운 문화를 이분법적으로 보기 쉽다. 조용한 문화에서 성장해 자연스럽게 조용한 방식으로 행동한다고 생각할 수 있지만, 실제로 이 두 문화는 서로 균형을 이룬다. 조용한 문화에서 자랐더라도 시끄러운 문화의 행동 특성을 보일 수 있고, 그 반대도 마찬가지다.

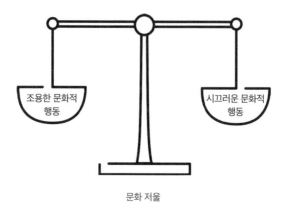

문화 저울

　누구와 함께 있는지, 어떤 상황인지, 얼마나 편안하게 느끼는지 등 여러 요소에 따라 그 순간 우리의 행동 방식이 달라진다. 때로는 회의에서 신속히 의견을 제시하거나, 갈등을 정면으로 마주하거나, 자신을 드러내는 것이 자연스럽게 느껴질 때도 있다. 업무를 완수하기 위해 시끄러운 문화의 특성을 발휘해야 한다고 느껴질 때도 있다. 그런 순간에는 조용한 성향을 잠시 뒤로하고 상황에 필요한 행동을 하게 된다.

　좋아하는 동료들과 함께 있을 때를 떠올려보자. 그들과 생각을 나누고 대화하며 관계를 만드는 것이 얼마나 쉬운가? 만약 당신이 진행 중인 프로젝트를 누군가 잘못 이해하고 있다면, 본능적으로 나서서 요점을 명확히 짚어주고 싶지 않은가? 이처럼 우리는 상황에 따라 다르게 행동한다. 본래 성향대로 조용히 말하고 행동할 때도 있지만, 상황에 따라 시끄럽게 행동해야 할 때도 있다. 마치 파도처럼 때로는 의도적으로 뒤로 물러났다가, 때로는 힘차게 앞으로 나아가기도 한다.

나를 이해하는 새로운 시각

우리는 자라면서 조용한 문화의 영향을 많이 받았다. 종교나 성별에 따라 주어진 기대에 맞춰 전통적인 역할과 가치를 따르도록 배웠을 수도 있다. 눈에 띄거나 시끄럽게 행동하면 부정적으로 평가되는 분위기가 영향을 미쳤을 것이다. 가정에서는 예의 바르게 행동하는 것이 중요하다고 강조했기 때문에 타인을 먼저 배려하고 자신의 생각은 뒷전으로 미루는 법을 익혔다. 이러한 조용한 가치들은 오늘날 우리의 일부가 되었다.

매기 와그너 역시 부모님의 성향과 가정의 분위기 때문에 자연스럽게 조용한 문화의 가치를 배우고 따르게 되었다.

"시끄럽게 하지 말라고 배운 건 아니지만, 그렇게 행동했어요."

인디애나주의 작은 마을에서 자란 그녀는 조용한 집에서 조용한 사람들과 함께하는 것이 익숙했다. 그녀와 가족들은 말할 때 항상 목소리를 낮췄고, 음악도 늘 잔잔하게 틀었으며, TV 소리도 배경처럼 낮게 설정되어 있었다. 부모님이 '평화로운' 환경을 원했기 때문에 집은 자연스럽게 차분한 분위기였다고 한다.

"엄마는 시끄럽고 복잡한 환경에서 자라셨어요. 그래서 아이에게는 가장 안전한 장소를 제공해주고 싶었을 거예요. 아버지는 매우 내성적이고 지적이셨기 때문에 두 분께 우리는 존중과 공경을 배웠어요."

하지만 매기의 조용한 생활 방식은 그녀가 살고 있는 빠르게 움직이는 세상과는 전혀 다른 모습이었다.

특히 선임 편집자나 홍보팀, 팀장 앞에서 자신의 의견을 말하고 소통하는 일은 그녀에게 매우 낯설고 어려운 경험이었다. 뉴욕의 대형 출판사에서 일하게 된 그녀는 신속하게 의사결정을 내리고, 마감일을 맞추며, 자신의 아이디어를 적극적으로 표현해야 한다는 것을 깨닫게 되었다.

"회사에서는 갈등이 자주 일어나는데, 그건 제가 자라면서 배운 적이 없는 부분이라 정말 힘들었어요. 특히 리스크가 따르는 주제에 대해 이야기하는 것은 정말 싫었죠."

시간이 지나면서 매기는 자신이 익숙한 행동과 직장에서 인정받는 행동을 주의 깊게 살펴보면서 어느 쪽이 더 나은지 판단하는 것이 아니라, 그 행동들이 어떤 상황에서 필요한지 이해하려고 노력했다.

그녀는 항상 조용히 일하는 것이 아니라, 자신이 어떤 업무를 하는지 알리고 특히 성과를 거두었을 때 사람들에게 전달하는 방법을 배워야 했다. 자신의 성과를 숨기지 않고, 자신이 똑똑하고 유능하다는 것을 보여주는 것이 이기적이지 않다는 것을 이해해야 했다. 자신이 기여한 부분이 중요하지 않다고 여길 것이 아니라, 다른 사람들과 마찬가지로 팀에 기여했다는 것을 인정하고 받아들여야 했다.

"자신을 밀어붙이는 법을 배우는 것이 성장이고, 이것이 제가 문제를 해결하는 방법입니다."

Tip

우리가 자라온 방식이 직장에서 자신을 드러내는 모습에 큰 영향을 미친다는 것은 분명하다. 발달심리학자들은 성장 환경이 우리가 배우는 것을 결정한다고 말한다.[9] 어렸을 때 특정한 규칙이나 행동을 내면화하게 되는데, 이렇게 배운 것들이 다른 사람들과 소통하고 관계를 맺는 데 영향을 준다.

인류학자들은 이를 사회적 학습이라고 부르며, 사회적 학습은 우리가 태어나는 순간부터 시작된다. 조용한 문화에서 배운 것과 부모님이 가르쳐준 원칙 중 어떤 것이 지금의 행동에 영향을 미쳤는지 살펴보자. 기억에 남는 부모님이 반복해서 했던 말이나 들려준 이야기가 있는가? 어린 시절을 되돌아보는 것은 현재의 자신을 더 잘 이해하는 방법이다.

미국에서 가장 바쁜 범죄 연구소 중 한 곳에서 일하는 법의학자 헬렌 그레이슨은 평소 조용한 성격이지만, 직장에서는 동료들과 자연스럽게 어울리며 친분을 쌓는 것이 익숙하다고 했다.

"동료들과 항상 함께 점심을 먹고 커피를 마시며, 때로는 팀장과 함께 식사를 하기도 합니다. 좋은 관계를 유지하고 있어요."

하지만 팀에서 리더가 되기 위한 면접은 달랐다. 평소 친하게 지냈던 팀장과 마주 앉았지만, 막상 자신의 성과를 분명하게 말하는 게 어려웠던 것이다. 자신의 능력을 강조해야 하는 경쟁적인 분위기에서는 어떤 말을 해야 할지 막막했다.

"자랑하는 것처럼 보이지 않으면서도 제 능력에 대해 이야기하는 게 어렵고 어색하게 느껴졌어요."

그레이슨은 조용한 성격 때문에 면접에서 자신의 성과를 대수롭지 않게 말했고, 기술과 전문성에 대해서도 거의 언급하지 않았다. 또한 이 직책을 원했던 이유와 열망도 표현하지 않았다. 매일 연구실에서 오랜 시간을 보내며 만들어낸 성과가 자신의 능력을 충분히 보여준다고 생각했기 때문이다.

"팀장이 저의 근무 태도와 업무에 대해서 잘 알고 있었기 때문에 그 정도면 충분하다고 생각했어요. 하지만 팀장은 제가 더 자신감 있게 제 능력에 대해 말하기를 기대했어요. 결국 저는 원하던 직책을 얻지 못했죠. 몇 년간 쌓아온 성과를 제대로 이야기하지 못한 게 이유였어요. 그게 다른 후보에게 자리를 빼앗긴 뒤 받은 피드백이었어요."

그레이슨의 경험은 조용한 문화에서 성장한 많은 직장인들이 시끄러운 문화의 일터에서 겪는 경험과 비슷하다. 우리는 직장에서 편하게 생각하는 사람과 대화를 할 때도 공적인 자리라거나 이해관계가 얽혀 있다는 이유로 평소와 다른 방식으로 자신을 표현하게 된다.

이런 상황에서는 긴장하게 되어 자신의 전문성을 충분히 드러내지 못하고, 자신이 하는 일에 대해 잘 알고 있어도 어떻게 설명해야 할지 몰라 말문이 막히기 쉽다. 그래서 특정한 자리나 상황에서 적절한 말을 찾지 못해 멍하게 있거나 결국 아무 말도 하지 않는 무난한 선택을 하게 된다.

조용한 문화의 가치관이 언제 우리를 침묵하게 하고 뒤로 물러나게 하는지를 인식하는 것은 통제력을 되찾는 첫 번째 단계이다. 우리가 원하는 방식으로 주목받으려면 어떤 환경에서, 어떤 사람들과 함께 있든 자신을 어떻게 드러내고 목소리를 내야 하는지 알아야 한다. 의견을 표현하는 방식은 자신을 잘 나타내면서 존재감을 드러낼 수 있는 중요한 열쇠가 된다.

조용한 사람들의 힘

조용한 문화에서 자란 사람들의 강점을 과소평가해서는 안 된다. 경청, 겸손, 갈등 회피는 시끄러운 문화의 일터에서 균형을 잡는 데 반드시 필요한 것들이다.

소음을 줄이고 일을 효율적으로 처리하는 방법을 알면 성장할수 있고, 자신을 낮추는 방법을 알면 다양한 생각에 귀 기울일 수있다. 또한 갈등을 피하는 방법을 알면 불필요한 에너지를 줄일수 있으며, 회의실 안의 분위기나 대화하는 사람들 간의 관계와 권력 구조를 파악하는 데 유리하다.

이것은 조용한 성격의 직장인에게만 해당되는 것이 아니라, 사회에서 조용한 성격을 가진 모든 사람들의 강점이다. 만약 조용한 성격을 가진 사람이 없다면 우리는 산만한 생각들이 충돌하는 불협화음이 가득한 세상에서 살아가게 될 것이고, 작은 일을 추진하는 것조차 어려워질 것이다. 그러므로 중요한 것은 자신의 본모습을 감추거나 바꾸는 것이 아니라, 생각과 감정을 다양한 방법으로더 잘 표현하고 전달하는 것이다. 우리의 접근 방식과 신념, 본성은 모두 가치 있고 필요한 것들이기 때문이다.

조용한 문화적 배경을 가진 사람들이 시끄러운 문화의 직장에서 발휘하는 강점은 날마다 실천하는 용기와 회복탄력성이다. 조용한 환경에서 자란 이들은 자신이 편안하게 느끼는 가치와는 다른 방식으로 행동해야 하는 직장에 출근하는 것이 두렵고 부담스러울 수 있다.

두 문화 사이에는 언제나 긴장감이 존재한다. 우리가 생각하는 방식과 주변에서 기대하는 방식이 상반될 때, 직장에서 처리하는 업무량, 마감 기한과 같은 일반적인 스트레스가 더 크게 다가와 답답하고 혼란스러울 수 있다.

이런 상황 속에서도 우리는 출근하고 최선을 다해 일을 한다. 누군가 강요해서가 아니라, 이 경험이 우리를 더 강하게 만들어줄 것이라는 확신이 있기 때문이다. 매일 겪는 어려움 속에서도 우리는 스스로 성장하고 있다는 것을 알기에 포기하지 않고 계속해서 나아간다.

조용한 문화의 가치관을 가진 사람들의 힘은 회복탄력성과 업무 환경에 적응하는 능력뿐만 아니라 '관점'에도 있다. 나는 두 문화, 즉 조용한 문화와 시끄러운 문화의 가치를 모두 이해하는 것이야말로 진정한 초능력이라고 생각한다. 우리는 두 세계를 오가며, 각기 다른 접근 방식을 모두 볼 수 있는 능력을 갖추고 있다.

그래서 두 세계 사이를 유연하게 오가며 사람들과 관계를 맺고 일을 처리하는 다양한 방법이 존재할 뿐 정답은 없다는 사실을 깨닫게 된다.

두 문화를 모두 포용하고 존중하는 능력은 우리를 더욱 풍요롭게 해주는 힘이다. 중요한 것은 어느 문화가 더 나은가가 아니라 상황에 맞게 대처하고, 유연하게 세상을 항해하는 법을 배우는 것이다.

직장에서 큰 목소리를 낸다고 해서 반드시 성공하는 것이 아니다. 우리가 가진 조용한 특성과 일터에서 요구되는 시끄러운 문화의 특성 사이에서 균형을 찾고, 정당한 이유로 주목받는 것이 진정한 성공이다.

우리에게 맞는 진정한 소통 방식을 찾고, 타고난 연결 욕구를 충족시키는 데 집중해야 한다. 특히 잃을 것이 많은 상황에서는 전략적으로 접근해야 한다. 자신을 드러낼지 말지를 고민하기보다는, 일터에서 경험하는 4가지 문화적 이중성을 어떻게 재구성하고 활용할 수 있는지에 대해 깊이 고민하는 것이 훨씬 더 효과적이다.

- 조용한 문화에서 자란 사람은 말하기보다는 듣기를 더 많이 한다. 묵묵히 일하고 자신의 성과나 업적을 자랑하지 않으며, 소란을 일으키지 않는 것을 선호한다.

- 시끄러운 문화에서 자란 사람들은 말하고 토론하는 것을 좋아 한다. 이들은 관계를 만들고, 사람들에게 자신의 업무를 알리 며, 갈등을 해결하는 데 주저하지 않는다.

- 조용한 문화와 시끄러운 문화가 갈등을 일으키는 4가지 주요 영역은 '소통 방법, 시간 활용, 성과 관리, 갈등 대처'로 이 차이 를 문화적 이중성이라고 한다.

- 문화 저울이 어느 쪽에 기울어지느냐는 환경과 주변 사람들, 그리고 상황을 얼마나 편안하게 느끼는지에 따라 달라진다.

- 조용한 문화에서 자란 사람들의 힘은 매일 실천하는 용기와 회복탄력성에 있다.

2장

단번에 갈등을 잠재우는
강력한 열쇠

대만에서 미국으로 이민 온 외갓집 식구들은 가장 먼저 캘리포 니아 뉴어크에 중국 식당을 열었다. 아버지는 개업을 돕고 식당의 이름을 피치 가든(복숭아 정원)이라고 지었다. 중국 문화에서 복숭 아는 장수를 상징하는데, 아버지는 그 식당이 사업과 가족, 후손 들에게 좋은 기운을 가져다줄 것이라고 믿었다. 하지만 그 식당은 사실 생존을 위한 발판이었다. 이모와 삼촌을 비롯한 가족 모두가 일할 수 있는 수단이자, 안정된 일자리와 수입을 확보하며 가족이 가깝게 지낼 수 있는 확실한 기반이 되었기 때문이다.

식당을 운영하면서 가족들은 역할을 나누었다. 삼촌들은 주방 에서 차우펀이나 산라탕 같은 현지 고객의 입맛에 맞는 요리를 만들었고, 영어를 어느 정도 할 줄 아는 이모들은 계산대에서 전 화를 받고 주문을 받았다. 무엇을 해야 할지, 언제 말할지, 누구의 의견을 따를지 등 자신의 역할과 책임을 명확히 알고 있었기 때문에 모두 자연스럽게 각자 맡은 일에 최선을 다할 수 있었다. 조용한 문화에서 익힌 보이지 않는 규칙 덕분에 알아서 움직이고 소통하며 일하는 방식이 자연스러웠다.

그러나 오늘날 대부분의 현대인은 가족의 도움 없이 일하는 경우가 많다. 우리는 경쟁과 시장 점유율이 중요한 환경에서 매일 변덕스러운 사람들과 까다로운 고객을 상대하며 일한다. 이런 환경에서는 조용한 성격보다는 큰 목소리와 외향적인 성격이 더 환영받는다. 그러나 어느 쪽이 더 나은지 고민하기보다는, 자신의 성격에 맞는 방식으로 주목받는 법을 익히는 것이 더 중요하다. 자신에게 편안한 방식을 유지하면서도 주변에서 인정받고 영향력을 발휘할 수 있는 방법을 찾는 것이 핵심이다.

조용한 문화에서 자란 우리가 시끄러운 일터에서 여전히 조용한 방식에만 의존한다면, 주목받지 못하고 존재감이 약해질 수 있다. 반면, 억지로 외향적인 사람처럼 행동하거나 그들의 방식을 따라 하려고 하면 우리의 본래 모습과 맞지 않아 어색하고 불편할 것이다.

여기서부터 수업이 시작된다. 직장에서 갈등이 발생하기 쉬운 '소통 방법, 시간 활용, 성과 관리, 갈등 대처'라는 4가지 상황에서 어떻게 균형을 잡을 수 있는지 살펴보자. 그리고 더 나은 대응 능력을 키워주는 문화적 재구성 방법을 함께 알아보며 자신만의 방식을 찾아보자.

열쇠 1. 상대의 언어로 메시지를 전하라

제이미 정은 혼란스럽고 답답한 기분을 떨쳐버릴 수 없었다. 열심히 일하고 팀장에게 칭찬받기 위해 최선을 다했지만, 팀장과 대화를 할 때마다 문제가 생겼다. 그는 "팀장과 관계가 원만하지 않았습니다"라고 털어놓았고, 이 말을 듣던 정 변호사는 신입 시절에 비슷한 경험을 했다며 깊이 공감했다.

미국 전기차 스타트업 리비안의 수석 법률 고문으로 일하고 있는 정 변호사 역시 로스쿨 졸업 후 첫 직장에서 팀장과의 소통에 어려움을 겪었다. 문제의 원인을 정확히 알 수 없었지만, 젊은 변호사로서 맡겨진 모든 일을 해냈다. 브리핑을 준비하고, 보고서를 작성하며, 팀장에게 전달할 세부 사항까지 철저히 챙겼다. 그럼에도 불구하고 자신이 원하는 만큼 인정받지 못한다는 생각이 들었다.

이러한 소통의 어려움은 성격이 조용한 많은 이들이 겪는 공통적인 문제다. 그들은 열심히 일하고 지시에 따르며 제때 업무를 마치지만, 막상 성과에 대해 이야기할 때는 그 노력들이 제대로 전달되지 않는다고 느낀다.

그 이유 중 하나는 업무에 대해 말하는 방식 때문이다. 대부분의 사람들은 자신의 전문성을 입증하려면 데이터와 자료를 많이 준비해야 한다고 생각하지만, 실제로 상대방이 필요로 하는 것은 결정을 내리는 데 도움이 될 수 있는 2~3가지 핵심 사항에 불과하다.

우리는 해당 분야의 전문가이기 때문에 자신이 전달하는 내용을 상대가 쉽게 이해할 것이라고 생각하지만, 정작 상대는 그 정보가 왜 중요한지 알고 싶어 한다. 따라서 직장에서 사람들과 잘 소통하려면 자신의 생각을 한꺼번에 쏟아내거나 상대의 말을 수동적으로 들으면서 침묵하고 있는 것이 아니라, 먼저 상대가 누구인지, 무엇에 관심이 있는지를 고려해야 한다. 그 후 여기에 맞게 메시지를 조정하고, 상대의 기대에 부응하도록 전달해야 한다.

이 문화적 재구성은 강력하다. 당신이 침묵을 지키고 최선의 결과를 바라는 것이 아니라, 상대의 관심을 끌 수 있는 방법을 고민하게 만들기 때문이다. 또한 당신의 생각을 쏟아내는 것이 아니라, 논리적으로 어떻게 전달할 수 있을지 계획하여 메시지가 효과적으로 전달되게 한다.

회의를 앞두고 있다면 다음 질문에 답하면서 생각을 정리해보자.

- 회의에 참석하는 사람은 누구인가?
- 그들의 주요 관심사는 무엇인가?
- 내가 전달하려는 메시지를 어떻게 조정하면 그들의 관심을 끌수 있을까?

다음 예를 보자. 팀원들에게 진행 중인 프로젝트에 대해 프레젠테이션을 한다고 가정해보자. 회의의 목적은 프로젝트가 가져올 이점은 무엇인지, 팀에 어떤 영향을 미치는지, 그리고 팀원들이 업무를 더 쉽고 효율적으로 할 수 있는 방법은 무엇인지 등에 대한 논의가 될 것이다. 이는 팀원들이 관심을 가질 만한 내용이다.

하지만 같은 프로젝트에 대한 프레젠테이션을 경영진 앞에서 한다면, 그들의 눈높이에 맞게 핵심 내용이 달라져야 한다. '경영진의 관심사는 무엇일까?'와 '메시지를 어떻게 전달해야 경영진의 관심을 끌 수 있을까?'라는 질문을 던져야 한다. 그 답은 '자원할당, 프로젝트를 완료하는 데 걸리는 시간, 투자 대비 수익' 등 경영진이 우선시하는 사항에서 찾을 수 있다.

이를 '커뮤니케이션 적응 이론Communication accommodation theory' 이라고 하는데, 단순히 말하는 사람과 효과적으로 소통하는 사람의 차이를 구분한다. 이 이론에 따르면 상대의 연령, 관심사, 직위, 이해관계 등을 고려해 메시지를 전달하면 상호 이해도와 참여도

51

가 높아진다.[10]

　상대가 원하는 '정보 전달 방식'에 맞춰 메시지를 조정할 수도 있다. 단순하고 직관적인 방식으로 정보를 전달받는 것을 선호하는 사람에게 배경 정보와 부연 설명을 추가하면 메시지의 힘이 약해질 수 있다. 반면, 배경 정보와 데이터 설명을 중요하게 여기는 사람에게는 개괄적인 내용만 전달하면, 올바른 결정을 내리는데 필요한 정보가 부족하다고 느낄 수 있다.

대화를 바꾸면 관계도 바뀐다

　상대방에 맞게 말하는 것이 얼마나 중요한지 보여주는 연구 결과에 따르면, 사람들은 상대의 생각이나 일을 처리하는 방식보다 '소통하는 방식'을 보고 판단하는 경우가 훨씬 많다고 한다.[11]

　예를 들어 교사에 대한 학생들의 인식을 조사한 연구에 따르면 학생들은 자신이 선호하는 소통 방식이나 말투를 사용하는 교사에게 긍정적인 인상을 받았고, 그 교사의 수업의 질이 더 높다고 평가했다.[12]

　지금쯤 당신 머릿속에 이런 생각이 떠오를 수도 있다.

　'만약 아이디어가 정리되기 전이라면 어떻게 해야 할까? 그냥 침묵을 지키며 조용히 혼자 생각하는 것이 더 나을까?'

　조용한 문화에서 자란 사람들은 아이디어를 공유하기 전에 충분히 검토하고 조사하는 것이 자연스럽기 때문에 일단 말을 아끼고 상황을 지켜보려는 경향이 있다. 그러나 다른 사람의 생각에 동의하지 않는다면 고개를 끄덕이는 것은 피해야 한다. 이는 진정한 대화 참여가 아니라, 상대방을 배려하느라 자신의 입장을 포기하는 것이 되기 때문이다.

생각이 아직 완전히 정리되지 않았더라도 대화 중에 자신의 의견을 말해도 괜찮다. 자신의 목소리를 내는 것만으로도 주목받는 데 절반은 성공한 셈이다.

직장에서 자신의 의견을 표현하려면 심리적 안전이 중요하다. 비판이나 불이익에 대한 두려움이 없을 때 더 솔직하고 적극적으로 의견을 나눌 수 있게 되기 때문에 이러한 환경은 조직의 발전으로 이어지기도 한다. 그래서 이 안전이 보장되지 않는 상황에서 자유롭게 참여하는 것은 어려울 수 있다.

하지만 심리적 안전감만이 전부는 아니다. 우리 자신과 아이디어에 대한 확신, 그리고 그 아이디어가 타인에게 긍정적인 영향을 줄 수 있다는 믿음은 타인과 소통하고 자신의 목소리를 내게 만드는 중요한 촉매제가 된다.

핵심은 단순히 소통에 적극적인 태도를 가지는 것뿐만 아니라, 메시지를 효과적으로 구성해 상대를 설득하고 공감을 얻어내는 데 있다. 구체적인 소통 전략은 3부에서 다룰 예정이지만, 그 전에 생각과 아이디어를 명확히 정리하고, 상대의 관심에 맞게 메시지를 조정해 우리가 원하는 방식으로 주목받는 방법을 먼저 알아보자.

다시 제이미 정과 팀장의 소통 사례로 돌아가보자. 이 문제를 해결해야 한다고 결심한 제이미 정은 적절한 타이밍에 팀장과 이야기를 나누었고, 그 과정에서 소통 방식의 차이가 원인이었다는 사실을 깨달았다.

그녀는 업무를 전달할 때 충분한 배경 정보와 세부 사항을 제공해 생생하게 설명하는 것을 선호했다. 하지만 팀장이 원하는 것은 핵심만 간단히 요약된 정보였다. 이 차이를 팀장은 이렇게 표현했다.

"당신은 많은 정보를 한꺼번에 소화하고 출력하는 스타일이고, 저는 한 번에 하나씩만 소화하고 출력하는 스타일입니다."

이 말에 제이미는 즉각적으로 문제의 본질을 이해했다. 이후로 그녀는 상대방의 스타일에 맞게 메시지를 구성하고 전달하면서 소통이 훨씬 원활해졌다. 그녀는 이렇게 말했다.

"문득 깨달았어요. 이건 다른 문제가 아니라, 내가 팀장님께 보고하는 방식만 바꾸면 되는 일이구나. 그렇게 하면서 팀장님과의 관계가 완전히 달라졌어요."

조용한 성격이든, 조용한 성격과 시끄러운 성격의 중간 지점에 있든, 성공적으로 소통하는 사람들의 대화 방식은 과도하게 조용하거나 시끄럽지 않다는 점을 기억해야 한다. 효과적인 소통을 위해서는 상대방의 성향을 고려해 메시지를 정리하고, 아이디어가 정확히 전달될 수 있도록 만드는 것이 중요하다. 단번에 갈등을 잠재우는 다음 열쇠는 '시간 활용'에 관한 것이다.

열쇠 2. 작은 기회를 큰 기회로 연결하라

새로운 한 주의 시작이었다. 네바다주 리노에 있는 NBC뉴스4 방송국의 아침 편집 회의에서 기자와 프로듀서들이 하루를 준비하며 분주히 움직이고 있었다.

나는 회의실에 들어가 빈자리에 앉자마자 휴대폰을 꺼냈다. 5분 정도 여유가 있어 구글에서 '톱 뉴스'를 검색하며 주요 뉴스를 확인했다. 회의실은 동료들이 오랜만에 모여 밀린 이야기와 농담을 주고받는 소리가 가득했다.

"맷, 주말은 잘 보냈어요?" 캐리가 건너편에서 물었고, 누군가가 "카렌, 네가 추천해준 음식점에 가봤어"라고 답했다.

회의실은 시끄럽고 활기찬 분위기였다. 시끄러운 문화의 전형적인 모습이었다. 하지만 나는 그저 휴대폰에 집중한 채 조용히 일만 했다. 아무도 내게 말을 걸지 않았고, 나 또한 아무에게도 말을 걸지 않았다. 조용한 문화에서 자란 사람답게, 내 안에 깊이 자리 잡은 습관대로 남은 시간을 열심히 일하는 데 활용했다. 그런데 뭔가 잘못된 기분이 들었다.

조용한 문화에서 자란 우리는 '규율을 지키고, 시간을 투자하며, 열심히 일하는 것'과 같은 것에 가치를 느낀다. 부모님은 나에게 직업 윤리를 강조하며, 자신들은 여가를 포기하고 열심히 일했다고 늘 말씀하셨다.

부모님이 중요하게 여긴 시간 활용이란 맡은 일, 지시받은 일을 성실히 수행하는 것이었다. 그래서 자녀에게도 "시간을 낭비하지 말고", "지시에 따르고", "항상 열심히 일하라"고 당부하며 자신들의 방식대로 살라고 가르쳤다. 어린 시절, 부모님의 이러한 가르침은 방과 후 학원, 주말 수업, 그리고 과외 등으로 이어졌다. 해야 할 일이 많아 힘들었지만, 이 길을 묵묵히 걸어가면 언젠가 보상받게 될 거라는 믿음이 있었기에 견딜 수 있었다.

그러나 성인이 되어 직장생활을 하면서 깨달은 사실은, 일하는 데 시간을 쏟는 것은 중요하지만 그것이 성공으로 가는 유일한 길이 아니라는 것이었다. 보상은 단순히 일에 집중하는 것이 아닌, 사람들과의 관계에 시간을 투자할 때도 오기도 한다. 직장 내외에서 나의 존재를 알리고 영향력을 키우는 것도 중요하다는 것을 알게 되었다.

사람들과 좋은 관계를 맺고 소통하는 능력이 즉각적이고 눈에 보이는 성과를 보장하지는 않지만, 결과적으로 더 많은 기회와 소개, 그리고 성공적인 거래로 이어질 수 있다.

요즘 경영 컨설턴트들 사이에서 자주 언급되는 커리어 팁이 있다. 자격과 기술을 갖추는 것 외에도 예비 컨설턴트라면 '공항 테스트'에 통과하는 것을 가장 중요하게 여기라는 것이다.[13] 이 테스트는 공항에서 함께 시간을 보내고 싶은 사람인지를 평가한다. 다소 주관적인 기준일 수 있지만 시끄러운 직장 문화에서 사람들과의 관계와 소통이 얼마나 중요한지를 잘 보여준다.

운명의 월요일, 편집 회의에 앉아 있던 나는 마지막 순간까지 일에만 몰두하는 것이 이롭지 않다는 사실을 깨달았다. '열심히 일하는 진지한 사람'으로 보이고 싶었지만, 그 결과 기억 속에서 배경의 일부로만 남았다. 나 자신을 알릴 기회를 놓쳤기 때문이다. 그 순간 나는 직장에서 나를 드러내고 시간을 활용하는 방식을 바꿔야겠다고 다짐했다.

시간 활용법의 문화적 재구성은 모든 기회를 최대한 활용하는 것이다. '모든 기회를 최대한 활용하라'는 말은 언뜻 적극적이고 과감하게 행동하라는 의미처럼 보이지만, 실제로는 더 큰 그림을 생각하면서 맡은 프로젝트들을 최대한 활용하라는 뜻이다. 즉, 단순히 눈에 띄는 일을 많이 하는 것이 아니라, 각 기회를 통해 더 넓은 관점에서 가치를 창출하는 것이다.

사람들과의 접점을 만들어라

나는 가족이 운영하던 음식점을 가끔 떠올리곤 한다. 음식점에서 나오는 음식은 고객의 식사 경험 중 일부분일 뿐이다. 고객에게 최대한 좋은 인상을 주려면 주방에서의 보이지 않는 준비뿐만 아니라, 음식이 담겨진 모습, 직원들의 에티켓 그리고 소통 및 대처 능력까지 고객과의 모든 접점을 생각해야 한다.

마찬가지로 우리도 보이지 않는 곳에서 조용히 일하는 것에 그쳐서는 안 된다. 내가 하는 업무가 큰 목표에 어떤 영향을 주는지 이해할 수 있도록 팀원들과 적극적으로 소통해야 한다. 이를 위해 자신의 작업 진행 상황이나 성과를 정기적으로 공유하고, 필요할 경우 팀 미팅에서 발표하는 시간을 갖는 것도 좋은 방법이다. 또한 팀원들과 협업하면서 궁금한 점을 해소하고, 의견을 나누는 것도 중요하다. 이러한 소통 방식은 팀원들이 서로의 업무를 이해하고, 협력을 위한 기반을 다지는 데 도움이 된다.

내 업무의 결과가 미치는 영향을 알리고, 나아가 팀과의 접점을 찾으면 모든 기회를 극대화할 수 있다. 예측, 예산 책정, 의사결정을 위한 재무 모델을 구축하는 업무를 맡고 있다면, 이 일을 어떻게 사람들에게 알릴 수 있을까? 복잡하게 설명할 필요는 없다. 간단한 정보만 공유해도 괜찮다. 예를 들어 연구 중에 흥미로운 발견을 했을 때 미리 간단히 알리거나 핵심을 요약해 공유할 수 있다. 이러한 행동은 강압적이거나 부담스럽지 않으며, 오히려 능동적이고 주도적으로 보인다.

하고 싶지 않았거나 '시간 낭비'라고 생각하는 일을 맡더라도 주인의식을 가지고 최선을 다하자. 이런 일들을 처리할 때 단순히 해야 할 일을 끝내는 데 그치지 않고, 자신의 주도적인 태도를 어떻게 보여줄 수 있을지 고민하는 것이 포인트다.

예를 들어 팀의 엑셀 스프레드시트를 읽기 쉽게 정리하는 따분한 프로젝트를 맡았다고 가정해보자. 시간이 오래 걸리고 특별히 좋아하는 일이 아닐지라도 접근 방식을 재구성하여 이 기회를 최대한 활용할 수 있다. 자신의 업무와 진행 상황을 사람들에게 알리는 것이다. 팀장에게 업데이트 사항을 빠르게 전달하거나, 프로젝트가 끝날 무렵 5분짜리 영상을 만들어 새로운 스프레드시트를 사용하는 방법을 공유할 수도 있다.

나아가 이 영상을 다른 팀에 공유하고 사용해보라고 권유하면서 자연스럽게 대화의 주제로 삼을 수도 있다. 핵심은 큰 프로젝트든 작은 프로젝트든 맡은 업무에 대해 한 번 더 생각해보고, 이를 기회 삼아 인지도와 영향력을 높이는 것이다. 이것이 시간을 효율적으로 사용하는 방법이다.

사람들과의 접점을 많이 만들수록 심리학자들이 말하는 '후광 효과'를 높일 수 있다.[14] 후광 효과란, 한 분야에서 형성된 긍정적인 이미지가 다른 분야에도 영향을 미치는 현상을 의미한다. 예를 들어 한 프로젝트에서 좋은 성과를 거두면 그때 형성된 좋은 이미지가 다른 업무나 프로젝트에서도 이어져 긍정적인 영향력이 더욱 커질 수 있다. 이 일을 알고 있는 사람들은 기회가 생기면 기꺼이 당신을 도와줄 것이다. 이처럼 모든 기회를 극대화하는 것이 바로 효과적인 방법이다.

이제 성과를 축하하는 방법에 대해서도 알아보자.

열쇠 3. 자신의 성과가 가져온 이익을 알려라

NBC방송국에서 일한 지 몇 달이 지났을 때, 도저히 그냥 넘어갈 수 없는 제보를 받았다. 유죄 판결을 받은 성범죄자가 요양원에 거주하며 그곳의 노인을 성폭행했다는 내용이었다. 더욱 심각한 사실은 그가 요양원에 함께 사는 사람에게 해를 끼친 것이 이번이 처음이 아니라는 점이었다.

'어떻게 이런 일이 한 번도 아니고 두 번이나 발생할 수 있었던 걸까? 첫 사건 이후에 예방 조치가 전혀 없었던 걸까? 예방 조치가 있었다면 왜 같은 일이 반복된 것일까?'

의문이 머릿속을 가득 채우자 분노가 치밀어 올랐다. 제대로 된 기사가 보도된다면, 지역 요양원에 거주하는 취약한 입소자들을 더 안전하게 보호할 수 있는 대책이 마련될 거라는 확신이 들었다. 그래서 나는 이 사건을 취재하기로 결심하고 조사를 시작했다.

몇 주간 피해자의 가족과 오랜 시간 통화하며 인터뷰를 진행했다. 요양원과 성범죄자 가족 측에도 여러 차례 연락을 시도해 그들의 입장을 듣기 위해 노력했다. 의원과 변호사들에게 전화를 걸고, 카운티 기록 보관소에서 시간을 보내며 중요한 정보를 수집하고 검증했다.

또한 기사를 더 확실하게 뒷받침할 수 있는 정보를 얻기 위해 인터넷을 열심히 검색했다. 매일 처리해야 하는 다른 업무들도 많았지만 괜찮았다. 무슨 일이 있었는지 파악할 수 있는 모든 정보를 찾기 위해 최선을 다했다.

팀장에게는 이 사건을 부차적으로 취재하고 있다고 알렸다. 사건을 조사하는 방송국은 우리가 유일했기 때문에 팀장은 매우 기뻐했다. 팀장은 며칠에 한 번씩 취재 진행 상황에 대해 물어보았지만, 나는 아직 기사를 내보낼 준비가 되지 않았다고 생각했기 때문에 많은 정보를 공유하지 않았다. 그저 "잘되고 있다"고 대답하며 다른 작업에 할애하는 시간을 최소화했다.

조사가 끝나갈 무렵, 마침내 강력한 단서를 발견했다. 네바다주 법에 따르면 요양원은 입소자가 가장 심각한 3등급 범죄자가 아닌 한 성범죄자로 등록된 사실을 알릴 의무가 없었다. 이 사건의 용의자는 2등급이었다. 피해자 가족이 찾던 답이 바로 여기에 있었다. 이제 이 중요한 정보를 바탕으로 변화를 위한 실질적인 조치를 시작하고, 주 전역의 요양원에 알림으로써 입소자와 그 가족이 정보 공개를 요구할 수 있게 되었다. 나는 조사 결과를 정리한 후 팀장을 만나 기사의 최종본을 보여주었고, 그는 흔쾌히 승인 도장을 찍어줬다.

"훌륭한 기사야!" 팀장이 말했다.

나는 미소를 짓고는 본능적으로 내 노력을 깎아내렸다.

"고마워요, 별것 아니었어요."

책상으로 돌아오자마자 머릿속에서 대화가 오가기 시작했다.

'사실 대단한 일인데 왜 "별것 아니었다"고 대답했을까? 그렇게 많이 애썼는데 왜 스스로 성과를 폄하했을까? 하나라도 놓치지 않으려고 여가 시간까지 포기하면서 취재에 온 마음을 쏟았는데 왜 내 노력을 낮춰 말했을까?'

주어진 업무 이상의 프로젝트를 할 수 있다는 의지를 보여준 지금이 '더 큰 프로젝트를 해낼 수 있다'고 말하기에 적절한 순간이었다. 그러나 성과를 돋보이게 만드는 데 실패하면서 팀장은 내 잠재력을 알아차리지 못했다.

이런 상황이 답답하긴 했지만, 마음속 깊은 곳에서는 왜 이런 감정을 느끼는지 정확히 알고 있었다. 조용한 문화에서 성장한 나는 내가 한 일에 대해 노골적으로 이야기하는 것이 자연스럽지 않았다. 항상 겸손하라는 가르침을 받으며 자랐고, 좋은 결과는 혼자 간직해야 한다고 배웠다. 칭찬이나 찬사를 우아하고 편안하게 받아들이는 법을 배우지 못했으며, 겸손하게 보이기 위해서는 칭찬을 부인해야 한다고 생각했다. 그래서 시끄러운 문화의 직장에서 일하면서도 내 성과를 자연스럽게 축소해 버렸다.

조용한 문화에서 자란 많은 사람들은 칭찬이나 찬사를 받으면 어색해하고, 자신의 성과를 드러내기보다는 다른 사람들이 먼저 알아주기를 바란다. 좋은 일을 하면 사람들이 알아줄 것이라고 기대하며, 성과를 굳이 드러내지 않아도 된다고 생각한다. 자신을 남보다 뛰어나다고 여기는 것처럼 보일까봐 주저하게 된다. 어쩌면 우리가 자신의 노력을 축소하는 이유는 그 성취를 단순히 운으로 여기기 때문일지도 모른다.

승리를 대하는 방식을 바꾸기는 정말 어렵다. 그 이유는 우리가 자신에게 하는 말이 진짜 감정을 반영하기 때문이다. 만약 승리하거나 칭찬받을 자격이 없다고 생각하면 자신의 성과에 대해 이야기하는 것을 꺼리게 된다. 업무가 기대에 미치지 못한다고 느끼면 잘한 일보다는 놓친 일에 더 집중하게 된다. 겸손을 중요시하는 사람들에게 자신을 드러내는 것은 쉽지 않은 일이다.

물론 관계를 만들고 신뢰를 쌓으며 팀워크를 강화하는 데 '겸손'이 중요한 미덕임은 분명하다.[15] 하지만 자신의 기여를 지나치게 낮추다 보면 능력과 성과가 제대로 드러나지 않게 된다. 나아가 다른 사람들이 우리에 대해 갖는 기대나 평가에도 영향을 미친다. 따라서 마땅히 인정을 받아야 할 순간에는 성과를 바라보는 방식을 바꿔야 한다.

겸손에 대한 새로운 관점

그렇다면 성과를 어떻게 대해야 할까? 먼저 자신의 업무가 어떻게 다수에게 이익이 되는지 알려야 한다. 개인은 물론 팀과 회사에 어떻게 도움이 되었는지 보여주는 것이 중요하다. 상사로부터의 인정은 일대일 대면이나 이메일을 통해 짧고 간단하게 이루어질 수 있다. 그러나 자신의 성과가 가져온 이익은 숨기지 말고 다른 사람들에게 적극적으로 알리는 것이 필요하다. 이것은 겸손하지 않은 것이 아니라, 목표를 더 명확하게 만들고, 조직의 효율성을 높이며 발전을 돕는 것이다.

연구에 따르면, 자신의 성과를 공공의 이익에 기여하는 방식으로 알리면 다른 사람들 역시 자연스럽게 같은 행동을 하고 싶어지도록 만든다고 한다.[16] 예를 들어 다른 사람을 돕는 장면을 본 사람 역시 타인을 돕고 싶어지는 경우가 많다.

즉, 자신의 일이 조직에 미치는 긍정적인 영향을 강조하면 협력을 이끌어내고 조직이 긍정적인 결과를 얻는 데 기여할 수 있다.[17] 또한 자신의 일이 공공의 이익에 기여한다고 알리는 것은 팀의 결속을 높이고, 우리가 함께하는 팀임을 느끼게 한다. 이는 진정한 윈-윈 상황을 만들어낸다. 따라서 겸손은 자신을 낮추는 것이 아니라, 타인을 돕는 방식으로 자신을 바라보는 것임을 기억하자.

마지막으로, 어떻게 갈등을 관리해야 하는지 알아보자.

열쇠 4. 결론에 맥락을 더하라

베이 지역의 날씨는 화창했지만, 셰릴 청Cheryl Cheng에게는 불편할 정도로 더웠다. 청은 캘리포니아 펠로앨토에 있는 차세대 디지털 의료 회사들의 창업을 지원하고 투자하는 비베 콜렉티브의 창립자이자 CEO이다.

그녀는 대형 소비재 브랜드에서 일할 당시, 큰 프로젝트를 포기한 적이 있다.

"그때가 제 인생에서 가장 힘들었던 순간 중 하나였어요. 수지가 맞지 않아 프로젝트를 중단해야 하는 상황이었습니다."

그녀는 이 어려운 소식을 고위 경영진에게 어떻게 전달할지 몇 주간 고민했다. 이 소식은 팀의 계획에 차질을 주고, 상당한 혼란을 초래할 수 있었다. 프로젝트 중단이라는 극단적인 결정이 실패처럼 보일 경우, 그녀의 평판에 타격을 줄 수도 있었다. 따라서 분란을 일으키지 않도록 신중하게 접근해야 했다.

조용한 문화에서 자란 사람들은 일이 계획대로 진행되지 않을 때 '투쟁'과 '도피'라는 선택의 기로에 놓이게 되면 본능적으로 도피를 택하는 경향이 있다. 긴장감과 어색한 침묵, 갈등을 불편하게 여기기 때문에 그 상황에서 벗어나려고 한다. 그래서 대면을 피하거나 묵인하며, 심지어 숨기도 한다. 문제가 저절로 해결되기를 바라며 고개를 숙이고 참을 때도 있다.

하지만 이러한 사고방식은 특히 평판이 걸려 있는 상황에서 효과적이지 않다. 시끄러운 문화의 직장에서 누군가 어려운 대화를 기피하는 모습을 보게 된다면 동료들은 소극적이거나 속내를 알 수 없는 사람이라고 간주할 수 있다. 그들은 까다로운 상황에 직면했을 때 '말로 해결'하거나 '모든 것을 테이블 위에 올려놓는 방식'으로 접근한다. 이들은 직접적이고 명확한 대화를 원하며, 이러한 대화가 편한 것만은 아니지만 목표를 달성하기 위한 필수적인 과정임을 잘 알고 있다.

갈등을 해결하려면 관계의 변화에 집중해야 한다. 갈등은 고립된 상태에서 발생하는 것이 아니므로 항상 다양한 요인이 얽혀 있다는 점을 인식하는 것이 중요하다. 힘든 상황은 본능적으로 피하고 싶겠지만, 상황에 집중하는 방향으로 전환해야 한다. 이러한 접근법을 '변혁적 중재transformative mediation'라고 하는데, 관련된 사람들과 상황을 이해하고, 어떻게 문제를 처리할 것인지 그리고 피해를 최소화하는 방법에 중점을 둔다.[18]

다시 말해 문제를 단순히 피하거나 숨는 것이 아니라 모든 관계자들의 입장과 상황을 전체적으로 고려해 해결하는 방법을 고민해야 한다. 일터는 사람과 아이디어가 만나는 곳이고, 문제를 함께 해결하는 것이 더 나은 방법이기 때문이다.

스스로 결론에 도달하게 하라

일이 계획대로 진행되지 않을 때는 몇 가지 질문을 통해 상황을 다시 제자리로 돌릴 수 있다. 이런 질문들은 '누가, 언제, 어디에서, 무엇을' 해야 할지 생각을 정리하는 데 도움을 준다.

- 갑작스러운 소식이 되지 않도록 사전에 알려야 할 사람은 누구인가?

- 관계자 모두에게 정보를 잘 공유하고, 갑작스러운 느낌을 받지 않게 하려면 어떻게 말해야 할까?
- 나의 메시지가 받아들여질 수 있는 적절한 시점은 언제인가?
- 이야기를 꺼내기에 적합한 장소는 어디인가?

이 질문들에 답해보면 불편한 상황을 정직하고 명확하게 해결하는 데 도움이 된다. 문화적 재구성의 매력은 조용하지도 시끄럽지도 않다는 점이다. 구체적이면서 강력하다.

이미 많은 시간과 비용이 투입된 대형 프로젝트였기 때문에 청에게 프로젝트를 중단하는 것은 결코 쉬운 일이 아니었다. 하지만 평화를 위해 책상 뒤에 숨어 있을 수는 없었다.

청은 관계자들의 입장을 고려하여 최대한 당황하지 않도록 할 말을 정리했다. 특히 나쁜 소식을 한꺼번에 전하지 않기 위해 적절한 시점을 고민했는데, 이는 사람들이 나쁜 소식을 동시에 접하면 서로 탓하거나 책임을 떠넘기는 연쇄 반응이 일어날 수 있기 때문이다.

"만약 첫 주에 프로젝트를 중단한다고 알렸다면 사람들은 제가 '지나치게 성급했다'고 비난했을 것입니다."

그녀는 시간을 두고 세부 정보와 지표를 하나씩 공개하면서 고위 경영진이 상황을 현실적으로 이해하도록 유도했다. 사람들이 특정한 방식으로 생각하거나 느끼도록 정보를 일정기간에 걸쳐 제공하는 심리적 기법인 '프라이밍priming'을 활용한 것이다.[19]

청은 회의에서 경영진들이 목표 달성의 어려움을 체감할 수 있도록 신중하게 질문을 준비했다. 직접적으로 "프로젝트를 중단하자"고 말하지 않고, 경영진들이 스스로 중단이라는 결론에 도달하게 했다.

"제가 전달하고자 하는 핵심은 분명합니다. 다만, 그것이 충격이 되지 않도록 적절한 시기와 방법으로 전달하는 것이 중요합니다."

청의 접근 방식이 너무 느리다고 여길 수도 있지만, 이는 신중하게 접근하고 세심하게 전달하는 전략이다. 청은 숨지 않으면서도 격렬한 파장을 일으키지 않는 방식으로 '누가, 무엇을, 언제, 어디에서, 어떻게' 실행할지를 면밀히 계획했다.

"적절한 시기와 어조로 전달하지 않으면 신뢰를 잃을 위험이 큽니다. 사람들이 제 일을 제대로 하지 않았다고 생각할 수 있기 때문입니다."

사실 이러한 문화적 재구성은 준비할 시간이 있을 때 실행하기 쉬운 방법이다. 예상치 못한 갈등이 생기거나 즉각적으로 대화가 필요한 순간이 찾아올 수도 있다.

예를 들어 팀장이 갑자기 회의에 불러서 왜 일이 계획대로 진행되지 않고 있냐고 날카로운 질문을 던질 수도 있다. 이러한 상황에서 가장 중요한 것은 책임을 회피하거나 전가하지 않는 것이다. 잠시라도 당신이 알고 있는 정보를 어떻게 전달할지, 그리고 자신이 내린 결론을 어떻게 설명할지 고민해봐야 한다.

이때 상황의 맥락을 함께 제공하면 충격을 완화할 수 있다. 사람들에게 현재의 상황과 벌어진 문제에 대한 단서를 제공하는 것이 핵심이다. 앞서 말했듯이 예기치 못한 소식을 접한 사람들은 놀라기 쉽고, 갈등을 더 심화시킬 수 있다. 직장에서 사람들은 준비되지 않은 모습을 보이는 것을 꺼려하기 때문에 충격에 민감하게 반응하는 경향이 있다.

따라서 어려운 상황에 직면했을 때는 맥락을 충분히 제공하여 불필요한 실망이나 혼란을 줄이되, 솔직하게 말하는 것을 주저하지 말아야 한다.

소통 방법	시간 활용	성과 관리	갈등 대처
상대의 언어로 메시지를 전하라	작은 기회를 큰 기회로 연결하라	자신의 성과가 가져온 이익을 알려라	결론에 맥락을 더하라

문화적 재구성

직장에서 나를 드러내는 방식을 바꾸는 것은 우리가 자라면서 익혀온 소중한 가치를 포기하는 것이 아니다. 오히려 시끄러운 세상에서 조용한 문화에서 배운 가치들을 효과적으로 활용하기 위해 적용 방식을 바꾸는 것이다. 이 장에서 다루는 유연한 생각과 관점은 우리의 내면을 키우고, 정당한 이유로 주목받는 데 도움을 줄 것이다.

그럼에도 불구하고 조용한 사람이 더 눈에 띄기 위해 넘어야 할 산들이 여전히 많다는 사실은 부정할 수 없다. 다음 장에서 다룰 내용은 우리가 스스로에게 던지는 질문을 포함하여 조용한 문화에 대한 편견을 인식하고 극복하는 방법이다.

내 몸의 신호가 말하는 것

케이시 웬은 뉴욕의 사모펀드 회사에서 새로운 직책을 맡은 후, 자신의 소통 방식에 대한 고민이 생겼다. 싱가포르에서 자란 그녀는 조용한 문화에서 성장하여 열심히 일하고 선배들의 말을 경청하며 겸손함을 중요시해왔다. 그러나 새로운 환경에서는 이러한 방식이 통하지 않는 것 같았다.

"저는 항상 다른 사람들이 저를 어떻게 바라볼지 신경 쓰며 자랐습니다. 그래서 스트레스를 많이 받는 상황에서 이성적으로 생각하거나 판단하지 못하는 경우가 많았어요."

새로운 직책을 맡은 지 몇 달이 지나지 않았을 때 많은 동료들이 시끄러운 문화권에서 온 사람들인 것을 알게 되었다. 그들은 목소리가 컸으며, 직접적이고 거칠게 소통했다. 익숙한 것과는 전혀 다른 방식이었지만, 성공하기 위해서는 자신도 그들처럼 행동해야 주목받을 수 있을 것 같았다.

"지난주 회의에 참석했는데, 저와 같은 직급의 동료가 제가 말하고 있는 도중에 더 큰소리로 말을 하더라고요. 만약 그 동료에게 주도권이 넘어가면 회의 시간을 독차지하게 될 것이고, 저는 경험이 없는 사람처럼 보일까봐 두려웠습니다. 그래서 지지 않고 계속 말을 이어갔지만, 정말 불편했어요."

케이시는 자신에게 자연스러운 방식이 아니라, 필요하다고 생각한 방식으로 상황에 대응했다. 대화의 주도권을 놓치지 않기 위해 목소리를 높인 것은 그녀에게 익숙한 것이 아니었기 때문에 불편하고 어색했으며 심리적으로도 부담스러웠다.

케이시와 상담을 시작하면서 나는 그녀가 도움을 필요로 하는 부분을 명확히 알게 되었다. 그녀는 타인과 관계를 맺고 갈등을 관리하는 방식을 새롭게 정리할 필요가 있었다.

먼저, 나는 케이시에게 회의 중 동료가 큰소리로 의견을 제시하는 상황이 다시 오면 어떻게 대응할 것인지 생각해보라고 제안했다.

이때는 상황을 '상대방이 이기면 내가 지는 것'으로 보는 대신, 한발 물러서서 서로의 입장을 이해하려고 노력하는 것이 중요했다. 예를 들어 상황을 고려하고 협력적인 말투를 사용해 자연스럽게 자신의 의견을 제시하는 방법을 생각해볼 수 있다. 또한 팀원들 앞에서 무리하게 발언하는 것이 아니라, 일대일 대화를 통해 긴장된 관계를 풀어가는 방안도 논의했다.

회의에서 자신의 생각을 말하는 것은 좋지만, 대화를 독점하는 것이 의견을 전달하는 유일한 방법이라고 보는 흑백논리는 재고할 필요가 있었다. 나는 그녀에게 타인과 관계를 맺는 방식을 재구성할 수 있도록 다음 몇 가지 질문에 답하게 했다.

- 회의의 목적이 무엇인가?
- 회의에 누가 참석하는가?
- 사람들이 경청하게 하려면 메시지를 어떻게 정리해야 하는가?

이때 사람들이 관심 가질 만한 내용을 중심으로 메시지를 구성하는 것이 핵심인데, 이렇게 하면 콘텐츠의 양이 아닌 질이 높아진다.

결국 중요한 것은 목소리의 크기가 아니라, 얼마나 상대방에게 맞춰 말할 수 있느냐다. 몇 주가 지나자 이 새로운 접근 방식의 효과가 점차 나타나기 시작했다.

"사람들에게 제 말을 전달하고 주목받는 데만 집중하다 보니 참석자들의 관계와 입장을 제대로 고려하지 못했어요. 제 아이디어만 고집하기보다는 한발 물러서서 균형점을 찾고, 상대방의 입장에 대해서도 한 번 더 생각했습니다."

케이시처럼 시끄러운 문화의 직장에 들어가면, 그곳에 적응하기 위해 자신을 바꿔야 한다는 생각에 빠지기 쉽다. 그러나 중요한 것은 스스로 편안하게 느끼는 방식으로 말하고 표현하는 것이다.

케이시는 조용한 자신의 성격을 바꾸기보다 문화적 차이를 이해하고 적응하는 데 초점을 맞추는 것이 더 효율적이라는 사실을 깨달았다. 또한 이러한 문화적 재구성과 유연함이 목소리를 내고 주목받는 데 효과적인 방법이라는 것을 알게 되었다.

Tip

이분법적 사고방식은 문제에 대한 해결책이 오직 하나뿐이라고 생각하게 만든다. 성공하기 위해서는 자신의 성격을 바꾸고 큰 소리로 말해야 한다고 단정 짓는 것이다. 그러나 문화적 재구성은 시끄러운 업무환경에 완전히 동화되지 않아도 균형 있게 접근할 수 있는 방법이다.

그렇다면 문화적 재구성을 어떤 상황에서 해야 하는지 알 수 있는 방법이 있을까? 한 가지 방법은 직장에서 불편한 일이 벌어질 때 자신의 신체 감각에 주의를 기울이는 것이다.

예를 들어 회의에서 무언가를 말하고 싶을 때 속이 울렁거리는 느낌이 든다면, 소통 방법에 집중하라는 신호일 수 있다. 직장에서 칭찬을 듣고 격려를 받을 때 심박수가 빨라졌다면, 성과를 대하는 방식을 돌아볼 필요가 있다. 자신의 몸에 귀 기울이는 것만으로도 어느 부분을 먼저 문화적으로 재구성해야 할지 감을 잡을 수 있다.

- 조용한 성격을 가진 사람이 직장에서 성공하고 주목받기 위해 반드시 시끄럽게 행동할 필요는 없다.

- 조용한 문화에서 배운 가치를 재구성하면 시끄러운 문화에 완전히 동화되지 않아도 다양한 방식으로 일할 수 있다.

- 첫째, 상대의 관심사에 맞게 메시지를 전달하라.

  상대의 연령, 관심사, 직위, 이해관계 등을 고려해 메시지를 전달하면 상호 이해도와 참여도가 높아진다.

- 둘째, 작은 기회를 큰 기회로 연결하라.

  큰 프로젝트든 작은 프로젝트든 맡은 업무에 대해 한 번 더 생각해보고, 이를 기회 삼아 인지도와 영향력을 높여라.

- 셋째, 성과가 모두에게 어떻게 이익이 되는지 명확히 알려라.

  자신의 기여를 지나치게 낮추다 보면 능력과 성과가 제대로 드러나지 않게 된다.

- 넷째, 결론에 맥락을 더해 이해를 돕고 설득력을 높여라.

  어려운 상황에 직면했을 때는 맥락을 충분히 제공하여 불필

요한 실망이나 혼란을 줄이되, 솔직하게 말하는 것을 주저

하지 마라.

• 문화적 재구성과 유연함이 목소리를 내고 주목받는 데 효과

적인 방법이다.

3장

자신에게
최고의 지지자가 되라

나는 조용한 환경에서 성장했지만, 지금은 완전히 다른 분위기의 시끄러운 직장에서 일하고 있다는 사실을 깨달았다. 이 깨달음은 큰 전환점이 되었고, 그때부터 직장에서 내 의견을 더 명확하게 표현하고 자신감을 키우기 위한 오랜 노력이 시작되었다.

'문화적 재구성'이라는 개념을 만들어 사람들과의 소통 방법, 시간 활용, 성과를 대하는 태도, 갈등 대처 방식을 점차 바꾸어 나갔다. 이를 직장에서 의도적으로 실천한 결과, 조금씩 변화가 느껴지기 시작했다.

그 이후 회의실에서 사람들이 나를 어떻게 생각하는지에 대해 더 이상 곱씹거나 불안해하지 않게 되었다. 회의 분위기를 더 잘 파악하게 되었고, 회의에 기여할 수 있는 부분을 명확히 이해하게 되었다. '더 크게 말해야 하나?', '내 업무를 부각시켜야 하나?'라는 고민은 이제 '어떻게 할 수 있을까?'라는 생각으로 바뀌었다.

문화적 재구성은 조용하지도 시끄럽지도 않은 방식으로 일에 접근하는 새로운 전략이다. 무엇을 해야 할지, 무슨 말을 해야 할지 몰랐던 답답한 순간에도 길을 찾아낼 수 있다. 물론, 새로운 방식이기 때문에 과정은 쉽지 않다.

때로는 회의에서 발언하고, 상대의 관심사에 맞게 메시지를 정리하는 것이 쉬울 때도 있지만, 가끔은 침묵이 더 편하게 느껴질 때도 있다. 상대의 입장을 고려하고, 모든 기회를 최대한 활용하며, 자신의 업무를 돋보이게 하는 등의 노력을 한다고 해도 원하는 방식으로 주목받기까지는 험난할 수 있다. 그래서 문화적 재구성은 한 번의 시도로 끝나는 것이 아니라 꾸준히 이어가야 하는 작업이다.

때때로 기회를 놓칠 수도 있고, 이 방식이 정말 효과적인지 의문이 들 수도 있다. 하지만 답은 '효과적'이다. 다만, 우리가 여전히 조용한 문화에 대한 편견과 맞서고 있다는 점도 명심해야 한다.

조용한 성격의 사람에게는 온순하거나 약하다는 편견이 있다. 이들은 열심히 일하고 눈에 띄지 않는 것을 선호하기 때문에 리더보다는 좋은 일꾼으로 평가받는다. 또한 다른 사람들처럼 자신의 성과를 적극적으로 이야기하지 않아 성과가 없는 것처럼 보이기도 한다.

또한 갈등을 피하는 경향이 있어 어려운 대화에 잘 참여하지 못하고, 부하들을 잘 관리하지 못할 것이라는 인식이 있다. 때때로 목소리를 크게 내면 반발에 부딪히기도 하는데, 이는 타인이 우리에게 기대하는 행동이 아니기 때문이다. 조용한 문화적 행동에 성별이나 인종적 요소가 결합되면 문화적 불협화음은 더욱 커진다.

실제로 여성과 유색인종은 직장에서 인정받지 못하거나 잊히는 경험을 더 많이 한다. 사회학자들은 이러한 현상을 크게 4가지 유형 '지우기, 동질화, 이질화, 백인화'로 나누어 설명한다.[20]

'지우기'는 문자 그대로 들리지 않거나 보이지 않는 것처럼 무시하는 것을 의미한다. '동질화'는 외부 집단의 일원으로 모두 같은 존재로 취급하거나, 그들의 특성을 하나의 표준으로 취급하는 것이다. '이질화'는 이질적인 존재로 축소되어 매혹과 우상화의 대상이 되는 것을 말한다. '백인화'는 백인과 비슷한 특성이 있을 때 긍정적으로 평가하거나, 우리의 문화적 배경이나 인종적 정체성을 무시하는 현상을 뜻한다.

개인적으로, 조용한 문화에서 자란 아시아 여성으로서 회의실에서 내가 한 제안이 마치 존재한 적이 없었던 것처럼 허공으로 사라지는 경험을 한 적이 있다.

보이지 않는 싸움

당시 시끄러운 문화에서 살아남는 것에 대한 자신감이 있었지만, 한 임원과의 회의에서 큰 실망감을 느꼈다. 이사직에 대해 논의하기 위해 그 자리에 갔으나, 시작한 지 10분 만에 임원의 생각을 알 수 있었다. 그는 비즈니스와는 관련 없는 매력적인 아시아 문화와 나의 성장 배경에 대해서 이야기하고 싶어 했다.

"맞춰볼게요. 어린 시절 내내 부모님께 순종했나요? 장래희망에 대한 결정권은 전혀 없었나요? 의사나 변호사만 될 수 있었던 건가요?" 그가 장난스러운 표정으로 물었다.

"어렸을 때 오래된 식료품 봉투를 쓰레기봉투로 재사용하거나, 집에서 신발을 벗는 행동을 한 적이 있나요?" 그는 질문을 이어갔다.

회의가 진행되는 방식에 당황한 나는 정중하게 대화의 방향을 관련 주제로 다시 돌리려 했지만, 그 임원은 꿈쩍도 하지 않았다. 나는 내가 생각했던 안건이 아니라 순종적인 동양인 소녀에 대해 이야기하는 회의에 왔음을 깨달았다. 몹시 실망스러웠던 나는 일찌감치 회의실을 나왔다. 회의실을 나오면서 허탈감을 느꼈다. 이런 행동은 조용한 문화에 대한 편견을 넘어선 것이었다.

회의 후 며칠 동안 내가 질 수밖에 없는 싸움을 하고 있는 것은 아닌지 의문이 들었다. 유색인종이자 여성으로 일터에서 소수자일 뿐만 아니라 조용한 문화권 출신이라는 사실까지 더해져, 리더 역할을 맡을 자격이 없는 부하직원이나 일꾼으로 인식될 수밖에 없는 건 아닌가 하는 생각이 들었다. 실력과 가치를 인정받는 존재가 되려면 늘 싸워야만 하는 걸까?

이때 항복을 외치고 조용히 후퇴하는 것이 쉬울 수도 있다. 하지만 뒤에 숨고 침묵하는 것은 이미 목소리를 내고 눈에 띄는 데 문제가 없는 사람들의 권력 구조를 견고하게 만든다. 시끄러운 문화를 가진 직장에서 성장하기 위해 스스로를 밀어붙이지 않는다면, 우리는 완전히 보이지 않는 존재가 되어 기회로부터 더욱 멀어지게 될 것이다.

시도하는 용기

조용한 문화의 가치관을 가진 사람들의 큰 강점 중 하나는 일을 철저하게 내 것으로 만들고 처리하는 능력이다. 빠르게 변화하는 세상에서 경청하고 관찰하며 일을 처리하는 능력은 엄청난 자산이다. 우리는 수완이 좋고 문제 해결에 능숙하여 스스로 해결한다. 하지만 이러한 강점이 오히려 일을 혼자 처리하게 만들기도 한다. 타인에게 불편을 끼치고 싶지 않다는 이유로 상황을 지켜보기만 하면 제자리에 머물 수밖에 없다.

예를 들어 직장에서 중요한 프로젝트에 참여하고 싶어 요청했지만 거절당했다. 한 번 시도는 해봤으니 현재 상황에 만족하면 평온할 수 있지만, 진정으로 원한다면 계속 시도해야 한다.

여기서 나는 조용한 문화에 대한 내적 편견, 특히 우리가 스스로에게 하는 부정적인 말을 어떻게 극복할 수 있는지에 대해 이야기하고자 한다. 앞서 조용한 성향을 약하다고 여기는 외부의 편견에 대해 말했지만, 우리 마음속에도 그런 편견이 자리 잡고 있을 수 있다.

예를 들어 마음속에서 들리는 '실패하고 싶지 않아' 또는 '바보처럼 보이고 싶지 않아'라는 목소리는 익숙한 경계 안에만 머물게 한다. 안전지대에서 벗어나려 할 때 '체면을 지켜야 한다'는 부담과 '예상치 못한 상황에 직면할 수 있다'는 두려움을 느끼기 때문이다.

이러한 내적 편견을 가지면 잠재력을 최대한 발휘할 수 없다. 불안, 굴욕, 판단에 대한 두려움에 사로잡히면 주목받는 능력을 만들 수 없다. 자신에게 줄 수 있는 최고의 선물은 비평가로 가득한 세상에서 한 명의 비평가라도 줄이는 것이다.

대세를 거스르거나 새롭거나 불편한 것에 발을 들일 때 두려울 수 있다. 하지만 그 제한적인 생각을 긍정적으로 바꿔야 한다. 우리가 하고 있는 일이 중요하다고 믿어야 하며, 실제로 그렇다.

조용한 문화 때문에 생긴 편견을 극복하기 위해, 직장에서 내 능력에 의심이 들거나 나를 어떻게 드러낼지 고민될 때마다 스스로 점검할 수 있는 실용적인 시스템을 개발했다. 인간이라면 누구나 불확실한 감정을 피하고 싶어 하고, 특히 자신의 평판이 걸려 있을 때는 더욱 그렇다. 우리는 안전하다고 느끼는 것에 집착하는 경향이 있다. 이러한 고집스러운 신념을 고수하는 경향을 '영속성 효과permanence effect'라고 부른다. 그래서 나는 내 마음속 편견과 제한적인 생각을 다시 살펴볼 수 있는 '기자의 관점'을 만들었다.

내가 몸담고 있던 언론사에서 영감을 받았는데, 기자들은 '긍정적인 회의주의'로 세상을 바라보는 훈련을 한다. 우리는 사람들의 이야기를 경청하지만, 그 내용을 그대로 받아들이기 전에 타당성을 의심하고 점검한다. '기자의 관점'은 주로 언론에서 사용되지만, 우리를 가로막는 신념들과 싸우는 데에도 효과적인 도구가 될 수 있다.

이 방법을 적용하면 '나는 ~할 수 없다'라는 생각을 '내가 정말 ~을 할 수 없는 이유가 뭐지?'라는 질문으로 바꿀 수 있다. 그리고 왜 그런 생각이 드는지, 혹은 그 시도를 하면 왜 좋지 않을 것 같은지 차근차근 되짚어보며 자신이 갖고 있던 제한적인 믿음을 다시 한번 살펴볼 수 있다.

내적 편견	기자의 관점
못할 것 같아.	내가 할 수 없을지 어떻게 알지?
바보처럼 보이고 싶지 않아.	내가 바보처럼 보일지 어떻게 알지?
실패하고 싶지 않아.	내가 실패할지 어떻게 알지?
이용당하고 싶지 않아.	내가 이용당할지 어떻게 알지?
사람들은 관심 없을 것 같아.	관심 없을지 어떻게 알지?

조용한 문화에서 오는 내적 편견들은 실제로 우리가 할 수 있는 일을 지나치게 제한적으로 바라보게 만든다. '기자의 관점'은 이러한 고정된 생각의 틀을 깨고 다양한 해석의 여지를 만들어주며, 예상치 못한 결과를 만들어내게 도와준다. 우리가 정말로 어떤 일을 할 수 없는 이유가 없고, 나쁜 일이 벌어질 것이라는 확신도 없다면, 그 편견들을 그대로 받아들이지 말아야 한다. 오히려 우리는 스스로를 믿고 자신 있게 표현하며 최선을 다해야 한다. 이 관점은 직장에서 새로운 도전을 하고 싶다는 마음을 끌어내는 데, 이때부터 다양한 기회의 문이 열리기 시작한다.

생각에 이름을 붙여라

처음 캐시 투와 대화를 나눴을 때, 나는 어떤 도움을 줘야 할지 확신이 없었다. 캐시는 코칭이 필요하다고 요청했지만, 겉으로 보기에는 소통에 큰 어려움이 없어 보였다. 그녀는 밝고 명랑한 태도와 명확하고 호감 가는 목소리를 가지고 있었고, 미소를 짓거나 손짓을 사용하는 등 비언어적 소통도 훌륭했다. 하지만 그녀가 내게 말했다.

"저의 문제는 항상 최악의 상황을 상상한다는 것입니다."

그래서 더 자세히 설명해달라고 했다.

"팀장님께 건설적인 피드백을 받으면 마음이 조급해져요. 뭔가 단단히 잘못했거나 고객을 화나게 한 것이라고 생각해 버려요. 말도 엄청 빨라지고요."

그녀가 경험한 것을 '뇌 과잉활동 증후군Racing Brain Syndrome'이라고 부른다.[21] 피드백을 받으면 뇌가 최악의 상황을 상상하는 경우가 많다. 팀장이 자신을 무시한다거나 인사팀에 불려가거나 심지어 해고당할 것이라고 생각하게 되는 것이다. 뜻밖의 상황에 긴장해서 아무 말이나 하게 되고 방어적인 태도를 취하며 똑같은 이야기를 반복한다. 이는 조용한 문화에서 자란 사람들이 갈등에 대응하는 일반적인 방식이다. 작은 피드백도 마음속에서 크게 확대될 수 있다.

캐시는 유익한 피드백이 항상 나쁜 것만은 아니라는 사실과 해고될 일은 없다는 것을 알고 있었지만, 구체적으로 어떻게 반응해야 할지 알고 싶어 했다. 지나치게 위축되지 않기 위해서는 자신의 반응을 다시 생각해볼 필요가 있었다. 우리는 그녀의 부정적인 자기 대화에 이름을 붙이기로 했다. 내가 물었다.

"가장 싫어하는 채소가 뭐예요?"

"셀러리?" 캐시가 혼란스러워하며 대답했다.

"좋아요, 그러면 부정적인 자기 대화를 '셀러리'라고 불러요. 부정적인 자기 대화에 빠질 것 같으면 '셀러리, 너무 심하잖아. 그만해!'라고 외치면 돼요."

캐시는 웃었다. 유치하긴 했지만 그녀는 요점을 이해했다. 라벨링은 부정적인 생각이 떠오를 때 그것을 의식적으로 인식하는 기법이다. 캐시는 부정적인 자기 대화에 '셀러리'라는 이름을 붙여 그것을 상상할 수 있는 사물인 것처럼 대할 수 있었다. 이렇게 하면 자신과 생각을 구분할 수 있게 되고, 생각을 전환할 수 있게 된다.

부정적인 자기 대화를 인식하고 이름을 붙일 수 있는 것처럼, 긍정적인 자기 대화에도 이름을 붙이고 생각을 전환할 수 있다.

"가장 좋아하는 채소는요?" 내가 물었다.

"버섯이요." 캐시가 대답했다.

"좋아요. 그럼 긍정적인 자기 대화에 '버섯'이라는 이름을 붙여보세요. '잠깐만, 이런다고 세상이 끝나는 건 아니잖아. 진정하고 심호흡을 하자. 괜찮아'라는 목소리가 바로 버섯입니다. 공황 상태에 빠지기 직전에 '버섯이 제자리로 돌려놓을 거야'라고 말하면 됩니다."

캐시는 포스트잇 두 장을 꺼내 한 장에는 '셀러리', 다른 장에는 '버섯'이라고 적었다. 그녀는 두 메모지를 책상에 붙이고 미소를 지었다.

"이제 눈에 보이니 기억할 수 있을 거예요!"

이 단어들은 다소 유치하게 느껴질 수 있지만, 우리가 스스로에게 하는 말과 믿기로 선택한 것을 시각적으로 상기시켜 준다. 그래서 조용한 문화에 대한 내적 편견이 커질 때 두 목소리가 존재하지만, 그중 도움이 되는 목소리를 들을 수 있는 힘이 우리에게 있다는 것을 떠올릴 수 있다.

Tip

두려움에 사로잡히거나 부정적이고 제한적인 생각에 빠졌던 경험을 떠올려보라. 그때 당신의 마음속에서 어떤 말들이 들렸는가? 자동으로 최악의 상황을 상상하게 되었는가? 두근거림, 울렁거림, 메스꺼움 같은 신체적인 감각은 이런 일이 발생하고 있다는 신호이다.

만약 자신에게 가혹한 말을 하는 것이 5분 이상 계속된다면, 잠시 숨을 고르고 그것이 부정적인 자기 대화임을 알아차리고 이름을 붙여보자. 그런 다음 '이것이 사실인지 어떻게 알지? 지금 내가 할 수 있는 건 무엇일까?'라고 스스로 질문해보자.

자신을 믿고 이끌어라

조용한 문화의 편견을 극복하는 것은 개인적 또는 직업적인 성장을 위한 선택이지만, 어떤 사람들에게는 그것이 안전지대를 완전히 벗어나는 생존의 문제이기도 하다. 앞서 나는 우리 가족이 대만에서 미국으로 이민을 온 후 피치가든이라는 패밀리 레스토랑을 어떻게 시작하게 되었는지 이야기했다.

8남매 중 막내였던 엄마는 내가 태어나기 전까지 그곳에서 웨이트리스로 일했다. 그 후 20년 동안은 주부로서 평화로운 가정을 꾸리고 가족을 돌보았다. 엄마는 우리가 안정적이고 편안한 환경에서 자라기를 바랐다. 각자 맡은 일을 잘하고, 큰 갈등이 없는 예측 가능한 삶은 엄마가 배운 조용한 문화적 가치들과 잘 맞았다.

하지만 대학을 졸업한 후, 모든 것이 달라졌다. 부모님이 이혼을 하게 되면서 엄마는 다시 일터로 돌아가야 하는 상황이 되었다. 가족이 운영하던 식당은 이미 팔았기 때문에 엄마는 새로운 기술을 배우고, 사내 정치에 적응하며, 영어가 주로 사용되는 직장에서 동료들과 효과적으로 소통하는 방법을 하나하나 익혀가면서 처음부터 다시 시작해야 했다.

엄마는 시끄러운 업무 환경에 적응하면서 기본적인 것조차 모르는 이민자로서의 취약함을 겪게 되었다. 새로운 나라로 이민 왔을 때 느꼈던 낯선 감정과 불안함을 이제는 직장에서 다시 경험하게 된 것이다. 그러나 엄마는 결국 일본 뷰티브랜드 시세이도의 영업 사원으로 취직하는 데 성공했다.

엄마가 그때를 회상하며 말했다.

"계속 노력하는 것 외에는 선택의 여지가 없었단다."

계속 버틸 수 있을지 확신하지 못할 만큼 힘든 시기도 있었다. 엄마의 순진함을 뻔뻔하게 이용하는 동료도 있었고, 악의적으로 괴롭히는 고객도 있었다. 매일 저녁 '이 일을 계속할 수 없을 것 같아', '이 일이 적성에 맞지 않는 것 같아'라는 생각이 머리를 가득 채웠다.

"새로운 기술을 배우는 일은 정말 힘들었어. 영어를 제대로 구사하는 것도 많은 연습이 필요했지. 하지만 할 수 없다는 생각이 오래가지는 않았어."

조용한 문화에서 자란 엄마는 내성적인 성격이었지만, 일에 접근하는 방식은 바꿔야 한다는 것을 깨달았다. 직업이 필요했고 사람들의 도움도 절실했던 엄마는 모든 것이 낯설고 힘들었지만, 긍정적인 변화를 만들기 위해 중요한 것에 집중했다.

팀이 함께 매출을 올릴 수 있도록 제품을 새롭게 조합하는 방법으로 팀원들의 참여를 유도하고, 새로운 제품이 출시될 때는 고객에게 알림을 보내 특별하다고 느끼게 해주는 등 고객의 마음을 사로잡을 수 있는 기회를 최대한 활용했다. 또한 성과를 알릴 때는 자신만의 성과로 여기지 않고 팀원들도 정기적으로 칭찬하며 성과를 나누었다. 갈등이 생기면 숨지 않고, 누가 알아야 하고 어떻게 대처할지 고민하며 솔직하고 분명하게 행동했다. 이 책에서 제안한 대로, 시끄럽게가 아닌 현명하게 일한 것이다.

"잊지 않기 위해 뭔가를 늘 적었지. 내게 인내심을 갖고 친절하게 대해주는 사람들과는 좋은 친구가 되었어. 우리가 팀으로서 얼마나 잘하고 있는지 항상 강조했단다. 그랬더니 매일매일 더 나아지더구나."

엄마는 시끄러운 직장 문화에 완벽하게 적응하며 놀라울 정도로 바뀌었다. 이전에는 주목받는 걸 피하고 조용히 지내는 편이었지만, 지금은 일하면서 자신을 적극적으로 드러내는 사람으로 바뀌었다. 엄마는 시끄러운 문화에서 성공하기 위해 조용한 문화를 버린 것이 아니라, 자신의 가치관을 새롭게 재구성한 것이다.

내성적인 주부였던 엄마는 이제 많은 사람들에게 인정받는 뛰어난 직원이 되었다. 입사 1년 만에 40만 달러에 가까운 매출을 올리며 백화점 내 최고 성과를 기록한 직원이 되었고, 몇 년 만에 팀장으로 승진했다. 엄마가 관리하던 고객들의 재구매율은 37% 였는데, 다른 매장의 재구매율보다 월등히 높은 수치였다. 전업주부였던 50대 여성이 이끄는 교외의 작은 화장품 매장으로써는 매우 놀라운 성과였다.

이 이야기를 전하는 이유는 엄마가 극적인 변화를 이룰 수 있었던 비결이 생각을 긍정적으로 바꾼 데 있었기 때문이다. 엄마는 직장에서 새로운 방식이 필요하다는 것을 깨닫고, 그것이 자신을 더 강하게 만들 것이라 믿으며 스스로 변화를 선택하셨다.

이 과정에서 엄마는 자신도 그동안 몰랐던 다른 면을 발견하게 되었고, 자신감과 확신도 얻을 수 있었다. 놀라운 변화의 비결을 묻자, 엄마가 대답했다.

"나 자신을 믿고 지지해야 해. 내가 아니면 누가 대신해줄 수 있겠어?"

고통을 성장의 기회로 바꿔라

사람들과 소통하고, 직장에서 시간을 보내고, 성과를 내고, 갈등을 관리하는 방식을 재구성할 때는 조용한 문화에 대한 편견도 고려해야 한다. 이러한 편견은 조용한 사람들을 바라보는 외부의 시선과 우리가 자신에게 하는 말에서 비롯된다. 이 2가지 요소는 우리의 자신감과 자존감을 형성하는 데 영향을 미친다.

사람들이 나를 바라보는 방식을 바꾸는 데는 시간이 걸리지만, 내가 일을 대하는 태도는 바로 바꿀 수 있다. 예를 들어 자기 자신이 가장 가혹한 비판자가 될 수 있다는 사실을 인정하면 부정적인 자기 대화를 줄일 수 있다.

우리가 겪는 고통이나 갈등, 어색한 대화는 사실, 자신을 표현하는 과정이다. 체면을 지키기보다는 오히려 자신을 솔직하게 드러내는 데 집중해야 한다는 뜻이다. 성장할 수 있다는 희망을 품고 끊임없이 도전하면서 때때로 자신을 돌아보면 점차 원하는 방식으로 주목받기 시작할 것이다.[22]

지금까지 조용한 문화와 시끄러운 문화의 구성 요소가 어떻게 다르고, 성장 환경이 특정 행동에 어떤 영향을 미치는지 살펴보았다. 두 문화의 차이 때문에 우리는 혼란스럽기도 하고 갈등을 겪기도 한다.

핵심은 시끄러운 문화의 특성을 무작정 받아들이는 것이 아니다. 주목받을 수 있도록 자신을 잘 드러낼 수 있는 방법을 찾는 것이다. 바로 이때 문화적 재구성이 필요하다. 이렇게 하면 우리의 행동하는 방식이 단순히 조용하거나 시끄러운 문화의 틀에 갇히

지 않고, 상황을 새로운 시각으로 바라볼 수 있게 된다.

새로운 관점이 생겼다면, 이제 무엇을 할지 결정해야 한다. 여기서 중요한 것은 '조용함'이라는 자본을 활용하는 방법이다. 이 부분에 대해서는 2부에서 자세히 알아보자.

Point

- 조용한 문화에 대한 편견은 조용한 성향을 가진 사람들이 온순하거나 약할 것이라고 여기는 인식이다.
- 이 편견은 다른 사람들이 우리를 어떻게 평가하는지, 그리고 나 자신에게 어떤 말을 하는지에서 비롯된다.
- 부정적인 생각에 이름을 붙이는 것은 유익하지 않은 자기 대화를 알아차리고, 사고의 방향을 바꾸는 데 도움이 된다.
- 기자의 접근법은 부정적이거나 제한적인 생각에 의문을 제기하게 만들어 상황을 새로운 관점으로 볼 수 있게 한다.
- 우리는 자신에게 최고의 지지자가 되어야 한다.

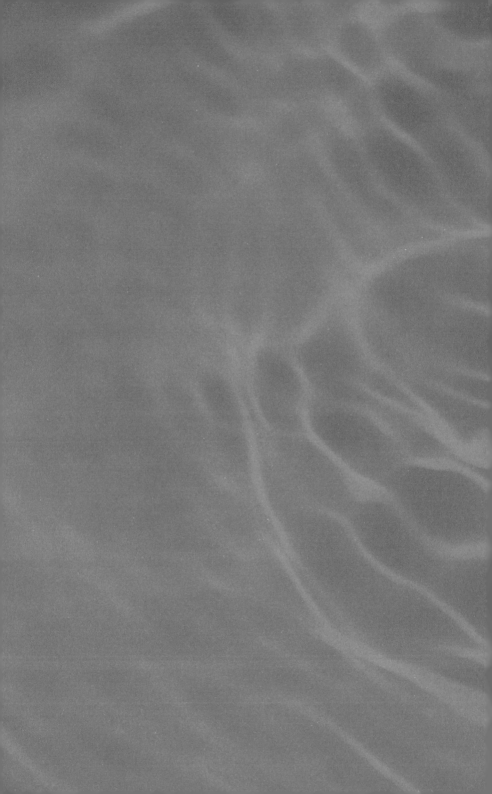

2부

조용함이라는 자본 활용하기

2부에서는 일터에서 전략적으로 주목받는 방법에 대해 다룰 것이다. 문화적 재구성을 통해 새로운 시각을 갖게 된다고 해도 기회의 문은 저절로 열리지는 않는다. 원하는 성과를 얻으려면 일터에서 할 수 있는 일에 집중해야 한다.

바로 여기서 조용한 자본 전략이 필요하다. 이 전략은 '자신의 커리어 만들기, 신용 쌓기, 자신을 지지하기'라는 3개의 기둥으로 구성되어 있다. 이를 통해 자신의 능력을 효과적으로 보여주고, 직장에서 더 큰 영향력을 발휘할 수 있게 될 것이다.

4장

'나'를 가장 먼저
떠올리게 만들어라

뉴스룸에 들어서면 우리가 상상하던 모습 그대로의 소란스러운 풍경이 펼쳐진다. TV에서는 요란한 소리가 흘러나오고, 전화벨은 연달아 울리며, 라디오에서는 방송이 끊임없이 이어지고, 사람들은 분주히 오간다. 편집자는 프로듀서에게 속보를 전하고, 프로듀서는 기자들에게 정확한 정보 전달을 지시한다. 이 모든 것이 시끄러운 문화의 전형적인 모습이다.

조용한 문화의 가치를 배우며 성장하고 대학을 졸업한 나는 이러한 환경이 처음에는 상당히 낯설고 압도적으로 다가왔다. 학교에서 배운 이론이나 부모님의 가르침도 이 혼란에 적응하는 데는 큰 도움이 되지 않았다. 사회에 첫발을 내디뎠을 때 내가 원하는 모습으로 보이는 법조차 모르고 있었고, 더욱이 어떻게 해야 주목받을 수 있는지도 알지 못했다. 시끄럽고 빠른 환경을 거부하고 싶은 것이 아니라, 그 안에서 내가 어떻게 존재해야 할지 몰랐다.

사람들이 일하는 속도는 나에게 다소 위협적으로 느껴졌고, 회의에서 큰소리로 의견을 나누고 논쟁하는 방식도 불편하게 다가왔다. 이런 방식이 과연 맞는지 스스로 의문이 들었지만, 명확한 답을 찾기는 어려웠다. 그래서 내가 익숙한 방식에서 벗어나지 않으려고 애썼다.

돌이켜보면 그들에게 나는 아마 이런 모습으로 보였을 것이다. 회의를 할 때는 조용히 앉아 업무 지시를 받고, 혼자 조사하고, 인터뷰하며 기사를 쓰는 모습. 방송 업계에서는 모든 일을 혼자서 해내는 사람을 '원맨밴드'라고 부른다. 당시 나는 바로 원맨밴드였다.

하지만 리노의 NBC에서 처음으로 뉴스 속보를 맡게 되면서 모든 일을 혼자 해내겠다는 생각이 완전히 바뀌었다. 화요일 아침, 사무실에 요란한 경보가 울렸다. 도시 외곽 40마일 지점에서 대형 열차 사고가 발생했다는 소식이 전해진 것이다. 많은 사상자가 발생한 것으로 추정되었고, CNN을 비롯한 전국적인 TV방송사에서 사고에 대한 자세한 정보를 요청해왔다. 다른 업무가 없었던 나는 현장으로 출발하기 위해 곧바로 준비를 했다.

문을 나서려는 순간, 뉴스룸 건너편에서 팀장이 소리쳤다.

"바네사, 저스틴도 함께 갑니다!"

바네사는 베테랑 기자였고, 저스틴은 노련한 사진작가로 모두

업계에서 다년간의 경력을 쌓아온 사람들이었다. 하지만 함께 가야 한다는 말을 듣고 마음 한편에 의문이 들었다.

"큰 사건이니 모두의 도움이 필요해요." 팀장이 설명했다.

함께 차를 타고 가는 동안에도 나는 혼자 해낼 수 있다는 생각을 떨칠 수 없었다. 셋이서 일을 조율하고 마무리하려면 오히려 시간이 더 걸리지 않을까 걱정스러웠다.

사고 현장에 도착하니 상황은 말 그대로 아수라장이었다. 트럭 운전자가 휴대폰을 보다 철도 건널목에서 열차와 충돌한 사실이 밝혀졌다. 현장에는 경찰차, 소방차, 구급차, 그리고 뉴스 밴이 빼곡히 들어차 있었고, 구급대원들이 부상자들을 돌보고 있었다. 사망자는 6명으로 추정되었으며, 멀리 전복된 열차에서는 큰 불길이 치솟고 있었다.

우리 셋은 사고의 심각성을 느낄 겨를도 없이 곧바로 일에 착수했다. 바네사는 인터뷰할 승객을 물색했고, 저스틴은 영상 촬영에 집중했다. 나는 정보를 수집하기 위해 경찰관과 소방관을 찾아나섰다.

15분 만에 다시 모인 우리는 생방송을 준비했다. 저스틴이 카메라를 설치하고, 바네사와 내가 번갈아 보도하며 가장 최근 정보를 전달하고 이야기에 맥락을 더했다. 내가 정보를 전할 때마다 바네사는 목격자의 진술로 이야기를 보완했다. 함께 작업하면서 각자의 이야기에 훨씬 힘이 실렸다.

모든 일정을 마치고 사무실로 돌아가는 차 안에서 나는 1시간 정도 몰래 눈을 붙일 생각이었다. 막 잠이 들려는 순간, 바네사가 내 쪽을 향해 몸을 돌리며 말했다.

"오늘 정말 수고했어요."

"바네사도요!" 내가 대답했다.

나는 눈을 감고 미소를 지었다. 그녀가 내 노력을 인정해준 것이 고마웠고, 칭찬을 돌려줄 수 있어 기분이 좋았다. 그러다 문득, 우리가 서로를 칭찬할 수 있었던 건 그 자리에 함께였기 때문에 가능했다는 생각이 들었다. 그녀는 내가 혼란스러운 상황에서 어떻게 대처하는지 직접 지켜봤고, 나는 프로답게 행동하는 그녀의 모습을 가까이에서 보았다. 무엇보다 중요한 것은 같은 경험을 하면서 서로 유대감이 더 깊어졌다는 점이었다. 그 순간, 혼자 열심히 일하는 전략에 대해 다시 생각해 봐야겠다고 느꼈다.

나중에 사무실로 돌아온 후, 바네사가 팀장에게 브리핑하는 장면을 우연히 보게 되었다.

"제시카가 정말 잘했어요! 일 처리가 엄청 빠르더라고요." 그녀가 말했다.

간단한 칭찬이었지만 사무실에서 두루 존경받는 베테랑 기자의 입에서 나온 말이었기에 내 역량이 증명된 순간이었다. 팀장이 신뢰하는 사람의 말이라 그 무게감이 더욱 컸다. 이제는 이 경험을 바탕으로 '커리어를 더 발전시킬 기회를 어떻게 찾을 것인가?'가 중요한 질문으로 다가왔다.

이제 조용함이라는 자본을 활용할 때다. 문화적 재구성이 일에 접근하는 방식을 재고하는 데 도움을 주었다면, 조용한 자본 전략은 주목도와 영향력을 높이는 데 큰 역할을 할 것이다. 균형 잡힌 생각과 전략을 갖추었을 때 원하는 방식으로 주목받을 수 있다. 이 모든 것은 커리어 브랜드를 만드는 것에서 시작된다.

커리어 브랜딩 4단계

화요일 아침 화상회의를 시작했다. 건너편에서는 마이크로소프트에서 일하는 채러티 워터슨과 그녀의 팀이 나를 기다리고 있었다. 마이크로소프트 워크숍에서 직원들에게 커리어 브랜드를 만드는 방법을 가르친 적이 있었는데, 워터슨은 그 교육을 마음에 들어 하며 자신의 엔지니어 팀에게도 공유하고 싶어 했다.

"WebXT 엔지니어들은 똑똑하고 열심히 일하지만, 자신이 하고 있는 업무를 체계적으로 알리는 데 도움이 필요합니다." 워터슨이 말했다.

"저도 이해합니다. 열심히 일하는 것만으로는 커리어 브랜드를 만들기 어렵습니다. 그건 당연한 일이죠. 커리어 브랜드는 우리가 회의실에 없을 때 사람들이 우리를 어떻게 기억하고 평가하는지를 의미합니다." 내가 대답했다.

그 후 몇 주 동안 그녀의 팀을 위해 강연을 준비했다. 하나는 관리자가 자신의 역할을 잘하면서 직원들도 역량을 발휘할 수 있도록 돕는 법이었고, 다른 하나는 개인이 자신의 전문성을 효과적으로 알리는 전략을 다루었다. 이 두 강연은 '커리어 코드 해독하기'라는 제목으로 묶어 진행되었다.

교육에서 강조한 점 중 하나는 '자랑스러워할 만한 커리어 브랜드를 누구나 만들 수 있다'는 것이다. 커리어 브랜드는 단순히 직함이나 역할, 혹은 얼마나 열심히 일하는지와 같은 표면적인 요소를 넘어서, 어떤 일을 하고 누구와 함께 일하는지까지 포함하며 '회사에서 자신을 어떻게 표현할 것인가'를 기준으로 삼는다.

커리어 브랜드를 구축하는 것이 어려운 일처럼 보일 수 있다. "하는 일의 종류를 선택할 수 없다" 또는 "그냥 주어진 업무를 할 뿐이다"라는 회의적인 반응이 있을 수 있지만, 나는 그 반대라고 생각한다.

이 방법들을 알고 실천하면, 사람들의 인식을 우리가 생각하는 것보다 훨씬 더 많이 바꿀 수 있다. 핵심은 주어진 업무에 전략적으로 접근하고, 크고 작은 모든 기회를 최대한 활용하는 것이다. 앞서 언급한 '시간을 활용하는 방식을 재구성하라'라는 말을 이제는 실행으로 옮길 차례다.

커리어 브랜드를 만들려면 먼저 자신을 드러내지 않는 조용한 방식을 다시 살펴볼 필요가 있다. 이 책을 쓰기 위해 리더들을 인터뷰하며 얻은 가장 흥미로운 통찰 중 하나는, 단순히 책을 많이 읽거나 학벌이 좋거나 업무 속도가 빨라서 그 자리에 오른 게 아니라는 점이다. 주어진 조건에서 새로운 기회와 인맥을 만들고 영향력을 확장한 결과였다. 하지만 리더가 되기 위해서는 먼저 자신이 중요하게 생각하는 것이 무엇인지를 명확히 알아야 한다.

심리학자들의 연구에 따르면, 즐겁게 할 수 있는 일을 하면서 그 가치를 이해하고 목적에 공감할 때 '정서적 몰입'이라는 조직적 유대감이 형성된다.[23] 이 과정에서 성취감과 만족감이 높아지고, 업무 성과 역시 자연스럽게 올라가게 된다.

커리어 브랜드를 만드는 일은 결국 핵심 가치를 이해하는 것에서 시작된다. 앞으로 함께 진행할 이 작업은 대부분의 사람들이 시간을 할애하지 않는 작업이지만 반드시 해볼 만한 가치가 있다. 핵심 가치를 파악한 뒤에는 자신의 차별화 요소를 찾아내고, 그 재능을 기회로 연결하며, 영향력을 넓히는 방법을 다룰 것이다. 커리어 브랜드는 다음 4단계를 통해 만들어지는데, 직장에서 자신을 드러낼 때 자부심의 원천이 될 것이다.

커리어 브랜딩을 위한 4단계

1단계. 핵심 가치 찾기

2단계. 차별화 요소 파악하기

3단계. 재능을 기회로 연결하기

4단계. 사람들에게 더 많이 알려지기

1단계. 핵심 가치 찾기

커리어 브랜드를 만들기 위한 첫 번째 단계는 자신이 소중히 여기는 가치를 명확하게 파악하는 것이다. 이 과정에서는 잔인할 정도로 솔직해져야 한다.

- 당신이 가장 의미 있고 보람을 느끼는 가치는 무엇인가?
- 당신은 어디에서 동기부여를 받는가?

작가이자 리더십전문가인 브레네 브라운Brené Brown은 자신의 저서 《리더의 용기Dare to Lead》에서 "가치는 선택의 문제가 아니라,

삶에서 자신을 정의하는 것이라고 느껴질 만큼 명확하고, 마음속에 흔들리지 않을 정도로 단단히 자리 잡고 있어야 한다"고 했다.[24]

'조용한 문화의 가치'와 '커리어 브랜드의 가치'가 어떻게 다른지 헷갈릴 수 있다. 조용한 문화의 가치는 우리가 자라온 환경에서 배우고 실천해온 가치다. 이 가치를 좋거나 나쁘다고 할 수 없으며, 단지 오늘의 우리를 구성하는 일부에 불과하다.

반면 커리어 브랜드의 가치는 우리가 하는 일을 이끌어가는 원동력이자, 개인적인 목표를 이루는 데 중요한 역할을 한다. 이 가치는 바쁘고 지칠 때도 방향을 잡아주고 힘을 불어넣어 의욕을 잃지 않게 한다. 덕분에 왜 그 일을 하고 있는지, 그리고 왜 그 일을 잘하고 싶은지 명확히 알고 하루를 시작할 수 있게 된다.

관심을 갖는 것과 잘하는 것이 일치할 때, 우리의 힘과 영향력은 타의 추종을 불허하게 된다. 이것이 바로 핵심 가치 찾기의 힘이다.

다음 페이지에 제시된 단어들을 보고, 가장 마음에 와닿는 단어 2~3개를 선택해보자.[25] 많은 단어가 중요하게 느껴져 고르는 것이 어려울 수도 있지만 집중력을 발휘하자.

이때 중요하게 생각하는 단어를 솔직하게 선택해야 한다. 선택한 그 단어들이 당신이 커리어 브랜드를 구축하는 데 길잡이가 되어 주고, 모든 일의 중심이 될 것이다.

성취	성장	우수함
분석	정직	인정
균형	독립성	휴식
도전	영향력	연구
경쟁	진실성	존중
창의성	리더십	위험 감수
다양성	학습	영성
효율성	경영	지위
재정 안정	인내	구조
유연성	활동성	지지
자유	권력	팀워크
우정	예측 가능성	신용

내 본연의 모습과 가장 잘 어울리는 핵심 가치는 '자유'와 '성장'이다. 그러나 조용한 문화에서 자란 나는 '자유'라는 핵심 가치를 깊이 공감하면서도 현실에서 실현하는 데 어려움을 겪었다. 거절하거나 스스로 경계를 설정하는 것도 어려운데, 내 핵심 가치로 자리 잡을 수 있을지에 대해 의문이 생겼다.

예를 들어 사람들이 도움을 요청하면 갈등을 일으키고 싶지 않다는 이유로 '예'라고 대답하는 경우가 많았다. 그 결과 나는 자주 지치고 에너지가 떨어졌으며, 사람들을 돕느라 내가 정말 원하는 선택의 자유는 얻지 못하고 있었다. 하지만 내 핵심 가치가 '자유'임을 깨닫고 이를 받아들인 후, 나는 내 시간을 더 전략적으로 사용하기 시작했다. 당시 나는 스스로 다음과 같은 질문을 던졌다.

- 반드시 해야 할 일이라면, 이 일을 내가 원하는 프로젝트를 하기 위해 어떻게 활용할 수 있을까?
- 시간을 어떻게 조정하면, 내가 원하는 일을 할 수 있는 여유를 만들 수 있을까?
- 내가 흥미를 느끼는 일에 집중하려면, 다른 바쁜 일들을 어떻게 우아하게 거절할 수 있을까?

마지막 질문을 던질 때 거절이 어떤 결과를 가져올지 알 수 없어 두렵기도 했지만, 현명하게 거절하면 더 행복하게 일할 수 있을 거라 믿었다. (거절은 잘 하지 않으면 커리어 브랜드에 해가 될 수 있으므로 유의해야 한다. 자신 있게 거절하는 기술은 6장에 있다).

다음으로 선택한 '성장'은 일상 업무에서 쉽게 적용할 수 있는 핵심 가치였다. 나는 평소 사람들이 왜 특정한 일을 하고, 어떻게 일을 하는지 궁금했다. 그래서 사람들의 이야기에 귀 기울이고, 책에 몰입해 생각을 확장하며, 새로운 취미에 도전하는 것은 여전히 즐겁다.

나에게 성장은 새로운 경험을 의미한다. 직업을 선택해야 할 시기가 다가오자, 언론 분야는 커리어를 시작하기에 완벽한 분야처럼 보였다. 매일매일이 새로운 모험처럼 느껴졌다. 어떤 날은 정치에 대해 배우고, 다음 날은 경제 뉴스를 분석하며, 또 다른 날은 의료 기사를 작성하는 식이었다. 성장할 수 있는 일은 늘 내게 동기부여가 된다.

당신의 핵심 가치는 무엇인가? 여기에 이유와 함께 적어 보자.

핵심 가치 1: _____

_____

핵심 가치 2: _____

_____

핵심 가치 3: _____

_____

2단계. 차별화 요소 파악하기

커리어 브랜드를 만들기 위한 두 번째 단계는 차별화 요소를 파악하는 것이다. 자신이 좋아하는 일 중에서 잘하는 일이 무엇인지 생각해보자.

지난 3개월을 되돌아보고 당신이 어떤 일에 흥미를 느꼈고, 어떤 일이 자연스럽게 다가왔는지 떠올려보자. 프로젝트의 모든 부분을 즐기지 않았더라도, 기꺼이 도전해 수월하게 해냈던 업무가 있었을 것이다. 예를 들어 숫자나 데이터를 다루는 능력, 특정 분야에 대한 전문성, 글쓰기 능력 등이다.

힌트를 주면, 좋아하는 일이 잘하는 일일 가능성이 크다. 몰입하는 동안 일이 쉽게 느껴지고 시간은 빠르게 간다. 잘 모르겠다면, 다음 질문에 답하며 차별화 요소를 찾기 위해 좀 더 깊이 파고들어 보자.

- 매일 아침 업무를 시작할 때 가장 먼저 하고 싶은 일은 무엇인가? (예: 하루 중 가장 좋아하는 시간은 머릿속에 떠오르는 디자인 아이디어를 빈 종이에 스케치할 때다.)

- 팀장이 팀에 프로젝트를 배정할 때 어떤 역할에 끌리는가? (예: 나는 최종 보고서 작성을 선호한다. 모두가 한 일을 취합해 연결하는 것을 좋아하기 때문이다.)

- 직장에서 본능적으로 쉽게 이해되는 것은 무엇인가? (예: 나는

데이터 분석팀에 있고 많은 양의 데이터를 보는 것을 두려워하지 않는다. 데이터가 맞춰야 하는 퍼즐처럼 보인다.)

이 질문들을 고민하면서 차별화 요소를 발견할 수도 있다. 차별화 요소가 하나 이상이라면 좋은 일이다. 그 요소들은 당신이 그 일을 좋아하면서 잘하기 때문에 경쟁 우위를 점할 수 있는 분야가 된다. 당신에게 자연스러운 일이 다른 사람들에게도 쉬울 것이라고 넘겨짚지 마라.

중요한 것은 차별화 요소가 무엇이든 그것이 당신의 커리어 브랜드를 구축하는 기초가 된다는 것이다. 그래서 당신은 이 요소로 이름이 알려질 것이고, 사람들이 당신에게 이렇게 말할 때 기쁨을 느낄 것이다.

"~일을 도와줄 사람이 필요합니다. [당신의 이름]이 적임자예요!"

기자로서 내 차별화 요소는 경제와 경영 분야를 아우르는 비즈니스 기사를 취재하는 능력이었다. 나는 상업, 산업, 시장과 관련된 기사를 맡을 때 가장 흥미를 느꼈고, 이 분야에 소질도 있었다. 무미건조해 보이는 비즈니스 이슈에 생동감을 불어넣는 데 능숙했고, 복잡한 재무보고서를 분석해 패턴을 찾고 데이터를 쉽게 이해할 수 있도록 효과적으로 전달하는 능력도 있었다.

그 결과 방송국에서 경제 기사를 취재할 때마다 연락할 수 있는 기업과 경영진의 연락처가 많이 쌓였다. 나는 2가지 방식으로 차별화 요소를 활용했다.

첫째, 회의를 할 때마다 비즈니스 기사와 관련된 아이디어를 하나 이상 발표해 커리어 브랜드의 인지도를 높였다.

둘째, 동료들이 비즈니스 기사와 관련해 도움을 필요로 할 때 적극적으로 나서서 지원했다.

그 결과 비즈니스 기사가 들어올 때마다 가장 먼저 떠올리는 사람이 되었다. 비즈니스 뉴스는 사실상 내 커리어 브랜드가 되었고, 나는 그것이 만족스러웠다.

3단계. 재능을 기회로 연결하기

이제 핵심 가치와 차별화 요소는 파악했을 것이다. 이 둘이 합쳐지면 바로 재능이 된다. 자신이 가치 있게 여기는 일과 잘하는 일이 일치하면 폭발적인 에너지가 생긴다. 옳은 방향이라는 느낌이 들고, 일을 할 때 행복하다.

그러나 한 가지 알아야 할 점이 있다. 당신이 데이터 전문가든, 뛰어난 엔지니어든, 단어들을 능숙하게 엮어내는 작가든, 그것들은 모두 기술에 불과하다는 사실이다. 아무리 그 일을 좋아하고 쉽게 해낼 수 있다고 해도 이러한 기술은 대부분 복제가 가능하므로, 정리해고나 기업 합병 같은 상황에서 혼자 일하는 능력만으로는 자신을 지킬 수 없다. 하지만 자신의 재능과 무형의 기술을 결합할 수 있는 사람은 살아남을 수 있다. 무형의 기술이란 '소통, 문제 해결, 정서 지능, 협업 능력' 등을 의미한다.

당신은 이미 직장에서 문화적 재구성을 통해 무형의 기술을 사용하고 있다. 예를 들어 메시지를 상대의 관심사에 맞게 전달할 때는 '소통 능력'이 필요하다. 현재 업무에 집중하면서 주어진 기회를 최대한 활용할 때는 '시간 관리 능력'을 보여주는 것이며, 이 업무가 모두에게 어떻게 이익을 줄 수 있는지 설명할 때는 '영향력'을 활용하는 것이다. 또한 갈등이나 대립 상황을 풀어나갈 때는 '감성 지능'을 발휘하는 것이다.

재능을 기회로 연결하는 강력한 방법 중 하나는 직접 기회를 만드는 것이다. 앞서 이야기했듯 모든 일을 항상 선택할 수는 없지만, 자신을 돋보이게 하고 능력을 보여줄 수 있는 작은 프로젝트는 얼마든지 만들 수 있다. 시키지 않은 일을 스스로 해내면 긍정적인 인상을 남길 수 있으며, 반드시 거창한 계획이나 프로젝트가 아니라 반복적인 방식에서 벗어나는 능동적인 태도만으로도 우위를 점할 수 있다.

나는 비즈니스 전문기자라는 커리어 브랜드를 만들고 싶었지만, 그저 '비즈니스 전문기자'라는 타이틀을 가진 것만으로는 차별화되기 어려웠다. 비즈니스 기사에 생동감을 불어넣는 능력은 내 강점이지만, 그것이 내게만 있는 것은 아니었다. 잘하고 싶었고 잘할 수 있었지만, 사실 누구라도 할 수 있는 일이었다. 내가 가지고 있는 무형의 기술을 보여주기 위해서는 스스로 기회를 만들어야 했다.

그래서 나는 자유와 성장이라는 두 핵심 가치를 되새기며, 나와 우리 팀이 새로운 기회를 만들기 위한 질문을 던지기 시작했다. '만약 자유가 중요하다면, 나는 어떻게 하고 싶은 일에 집중할 수 있는 시간과 여유를 확보할 수 있을까?'

'전형적인 비즈니스 전문기자 이상의 가치를 입증하려면 어떤 프로젝트에 도전해야 할까?'

뉴욕에 있는 방송국에서 일하면서 나는 완전히 새로운 비즈니스 쇼를 처음부터 구상하고, 제작하고, 홍보하는 프로젝트를 기획했다. 당시에는 이런 시도가 드물었지만 주도적으로 기회를 창출했다. 내 이름을 걸고 이 일을 진행한다면, 나에 대한 사람들의 인식이 완전히 달라질 것이라 확신했다.

나는 쉽게 대체될 수 있는 비즈니스 전문기자가 아니라, 혁신하고 문제를 해결하며 새로운 가치를 창출하는 기자로 입지를 다지고 싶었다. 대체 불가능한 전문가로 인정받고 싶다면, 자신의 커리어 브랜드를 만들고 행동으로 보여줘야 한다. 문화적 재구성을 하든, 기회를 만들든 커리어 브랜드를 확고히 하는 일은 결국 자신에게 달려 있음을 명심하자.

4단계. 사람들에게 더 많이 알려지기

커리어 브랜드를 만들기 위한 마지막 단계는 도달 범위를 넓히는 것이다. 당신이 자신의 재능을 알고 혁신적인 업무나 팀워크, 협업 등을 통해 실력을 보여준다고 해도 사람들이 당신을 기억하는 것은 쉽지 않다. 커리어 브랜드를 만들고 유지하기 위한 핵심은 그것이 끝없는 과정임을 아는 것이다. 그래서 사람들의 기억에 남으려면 일관성이 중요하다. 나는 일관성을 플라이휠flywheel이라고 생각한다. 일관된 행동이나 노력이 쌓이면 점점 더 강력한 힘을 발휘하게 되기 때문이다.

커리어 브랜드를 확립했다면, 자신이 잘하는 것에 대해 말하고 그것을 지속적으로 보여줄 수 있는 방법을 찾아야 한다. 사람들이 당신을 보고 기억하게 만드는 것이 중요하다. 내 경험에 비추어 볼 때 사람들의 눈에 띄기만 하면 영향력은 더 큰 기회로 이어진다.

제너럴 일렉트릭의 미디어, 커뮤니케이션, 엔터테인먼트 부문의 사장 겸 CEO였던 마이클 천의 이야기를 통해 현실에서 어떻게 그런 일이 실제로 일어나는지 알 수 있다. 그가 나에게 들려준 '승진을 기대했지만 탈락한 케빈의 이야기'는 서문에서 소개했다. 천이 자신의 커리어 브랜드를 만들고 이를 활용해 70억 달러 규모의 비즈니스를 관리하는 CEO가 된 것은 결코 우연이 아니다.

제너럴 일렉트릭에서 중간급 리스크 관리자로 몇 년간 근무한 천은 언젠가 CEO가 되겠다는 목표를 가지고 있었다. 대담한 꿈이었지만 꼭 실현하고 싶었다. 그래서 목표를 달성하는 데 도움이 될 만한 커리어 브랜드를 구축하기 시작했다.

천은 자신의 핵심 가치가 '관계 형성과 타인에게 부가가치를 제공하는 것'이라고 생각했다. 그다음 자신이 비교적 수월하게 해낼 수 있는 일인 차별화 요소를 탐색했다. 그것은 '대량의 데이터를 생성하고 의미를 추론하는 능력'이었다. 그는 그 재능을 타 부서의 사람들에게 접근하는 데 활용했다. 그의 첫 번째 목표는 영업팀이었다.

"저는 사람들에게 먼저 손을 내밀고 '잘은 모르지만, 어떻게 도와드릴 수 있을지 알아볼게요'라고 말하곤 합니다."

그는 비즈니스 역량을 강화하기 위해 영업의 모든 것을 배우고 싶다고 말했다. 그 대가로 자신의 강점을 살려 영업팀을 위해 무료로 데이터 분석을 해주겠다고 제안했다.

"영업 팀장에게 가서 '팀장님과 함께 고객에게 제공할 신용정보를 만들고 있습니다. 여기에 영업 정보를 추가하면, 고객에게 보다 신뢰할 수 있는 정보를 제공할 수 있을 거예요'라고 말했어요. 저는 이 프로젝트에 약 1년간 쏟아부었습니다. 낮에는 영업팀과 관계를 만들기 위해 노력하면서 제 업무도 처리했으니 일주일에 80시간 정도 일했죠."

그는 새로운 관계를 형성하면서 무형의 기술인 협업과 소통 능력을 동시에 발휘했다.

"저는 북미의 모든 고객과 영업 사원을 상대했습니다. 제가 데이터베이스를 구축하는 것을 도와줬기 때문에 모두가 저를 좋아했습니다."

마침내 그에게 기회가 찾아왔다. 북미 지역 영업 책임자가 은퇴를 앞두고 있었는데, 후임자로 그의 이름이 거론된 것이다. 그는 전통적인 영업인은 아니었지만, 자신을 드러내고 능력을 보여준 덕분에 새로운 영업 책임자로 발탁되었다.

이야기는 거기서 끝나지 않았다. 경력이 쌓이면서 그의 커리어 브랜드와 영향력도 커졌다. 그는 북미 지역의 새로운 영업 책임자로서 회사의 최고 고객인 항공사의 경영진들과 직접 교류할 수 있는 기회를 얻게 되었다.

"항공사 CEO 중 한 명이 제너럴 일렉트릭 CEO에게 전화를 걸어 제 승진을 추천해 주셨습니다. 당시 저는 CEO보다 6단계 직급이 낮았기 때문에 제너럴 일렉트릭 CEO는 저를 전혀 알지 못했습니다. 그런데 자신과 동급인 대형 항공사의 CEO가 전화를 걸어서 이야기를 하자 갑자기 제가 누군지 알고 싶어진 거예요. 제가 홍보를 한 적도 없었는데, 고객이 저를 승진시켜 준 겁니다."

물론 운과 타이밍도 좋았지만, 천은 철저한 준비와 포지셔닝 덕분에 그 기회를 잡을 수 있었다. 그는 모든 단계에서 자신의 차별화 요소를 활용하고 중요한 무형의 기술을 발휘했다. 천은 '부가 가치를 창출하고 제공한다'는 자신의 핵심 가치에 충실하면서 지속적으로 영향력을 확대할 기회를 찾아 나섰다.

"제 전략은 관계를 구축하는 것이었습니다. 저는 사람들과 교류하는 것을 좋아했고, 그들의 비즈니스에 관심이 많았습니다. 특히 항공사 CEO들과의 관계를 돈독하게 만들었어요. 함께 저녁을 먹고 행사에 참석하며, 개인적으로도 친구가 되었습니다."

천이 성공 가도를 달린 것은 혼자 노력해서 된 것이 아니다. 그는 '더 많이 베풀수록 더 많이 얻을 수 있다'는 진리를 깨닫고 관계를 통해 기회를 만들어 갔다.

그는 자신의 커리어 브랜드를 우연에 맡기지 않았다. 만약 그랬다면 그는 리스크 관리 부서에 머물렀을지도 모른다. 그의 성공 요인은 커리어 브랜드를 능동적으로 관리하고 확장해 나간 점에 있다. 그의 영향력은 계속 커졌다.

커리어 브랜드를 만들기 위한 4단계를 되짚어 보면 직장에서 자신을 전략적으로 드러내는 방법을 배울 수 있다. 이를 통해 자신의 가치에 맞는 업무에 집중하고 무형의 기술을 발휘하게 됨으로써 원하는 결과를 만들고, 시끄러운 문화 속에서도 자신감을 가지고 일할 수 있게 될 것이다.

당신이 의도적으로 커리어 브랜드를 만들지 않으면, 다른 사람들이 당신을 그들의 방식대로 브랜딩하게 될 것이다. 예를 들어 주변 사람들이 당신이 특정 프로젝트를 잘한다고 인식하게 되면, 비록 당신이 원하지 않더라도 사람들은 당신을 그 일의 적임자라고 생각하게 된다. 당신은 자신의 배를 이끄는 선장이며, 그 배가 어디로 갈지에 대한 결정권은 전적으로 당신에게 있다는 사실을 잊지 마라.

사람을 연결할수록 기회는 커진다

캘리포니아 오렌지 카운티에서 가장 큰 로펌인 루탄앤터커의 고객관리 파트너 글로리아 리는 자신의 차별화 요소를 정확히 파악하고, 이를 커리어 브랜드에 성공적으로 활용했다. 그녀를 만나면 이 말이 떠오른다.

"그녀는 모든 사람을 알고 있다!"

글로리아는 인맥을 만들고 사람을 연결하는 데 탁월한 능력이 있는 전문가다. 그러나 글로리아가 지금 위치에 이르기까지의 여정은 절대 순탄치만은 않았다.

로스쿨을 졸업하고 처음 일을 시작했을 때 그녀는 자신이 우수한 학위와 좋은 직장을 가진 수천 명 중 한 명에 불과하다는 현실을 깨달았다.

스탠퍼드대학교와 캘리포니아대학교 버클리를 졸업했다고 이력서에 자랑스럽게 적을 수 있었지만, 그것만으로는 경쟁이 치열한 직장에서 주목받기에 충분하지 않았다. 특히 회사가 위기에 처하거나 경기가 침체되면 언제든 쉽게 해고될 수 있었다. 글로리아는 현실을 인정하며 말했다.

"물론 기본적인 자질은 갖춰야 합니다. 열심히 일하고, 신속히 반응하며, 글을 잘 쓰는 능력도 필요합니다. 하지만 이러한 자질을 모두 갖췄다고 해서 해고의 위험에서 완전히 자유로운 건 아닙니다. 회사 입장에선 그런 능력을 가진 사람도 언제든 다른 사람으로 대체할 수 있으니까요."

그녀는 자신을 차별화해야 한다는 것을 알고 있었다. 그래서 조용한 문화에서 자랐지만 직장에서는 문화적 재구성을 통해 사람들과 적극적으로 소통하고 시간을 효과적으로 관리했다. 그녀는 관계를 중요하게 여겼고, 사람들을 서로 연결해주는 일을 좋아했다. 시간이 지나면서 그녀는 전략적으로 인맥을 넓혀가며, 서로에게 도움이 될 만한 사람들을 소개해주기 시작했다. 이렇게 상대의 필요에 귀 기울이고 도움을 준 결과, 친구들이 자연스럽게 고객으로 이어졌다.

인맥이 확장되면서 글로리아는 각종 콘퍼런스에서 연설할 기회도 많이 얻었다. 주니어 변호사로서 그녀는 자신만의 강점인 탁월한 말솜씨를 발휘해 법률 문제를 보다 넓은 트렌드와 연결해 설명하는 데 성공했다. 고객이 원하는 바와 자신의 자원을 효과적으로 연결하는 능력도 발휘했다.

"저는 고객들에게 쉽게 대체할 수 없는 특별한 능력을 보여주었습니다. 주니어 변호사로서 많은 고객을 직접 유치하기는 어렵지만, 그들이 저를 필요로 할 수 있도록 능력을 보여줄 수는 있었어요. 예를 들면 '팀장님, 제 친구가 이 회사의 CEO인데 ○○법적 문제에 대해 저에게 조언을 구하더군요. 우리 회사를 소개해줘도 될까요?' 또는 '제가 □□ 행사에서 연설 요청을 받았는데 함께 발표해 주시겠어요?' 같은 식으로요."

그녀는 말을 많이 할수록, 더 많은 사람을 만날수록 더 눈에 띄고 커리어 브랜드도 점점 더 분명해진다는 사실을 깨달았다.

"저는 성공한 기업가가 아니지만 제 주변 친구들은 대부분 그렇습니다. 그래서 제가 할 수 있는 방식으로 친구들을 연결해주고 있죠. '글로리아와 친구 사이'라고 하면 '글로리아가 연결해줄 거야'라고 이야기해요. 사람들에게 베푸는 저만의 방식입니다."

마지막으로 그녀는 "저는 사람들에게 그들이 훌륭한 인재일뿐만 아니라, 다양한 공동체와 인맥을 가진 사람이라는 점을 알리기 위해 노력하고 있습니다"라고 덧붙였다.

Tip

커리어 브랜드를 만들기 위한 단계들을 어렵게 생각할 필요는 없다. 가장 먼저 스스로 '나는 어떻게 기억되고 싶은가?'라는 질문을 던져보자. 그리고 다음 간단한 질문들에 답해보자.

- 누군가 내 이름을 들었을 때 어떤 단어를 떠올리길 원하는가?(3개의 단어를 선택해보자.)

- 이 자질을 드러내기 위해 직장에서 할 수 있는 것은 무엇인가?(3가지 실천 항목을 적어보자.)

이제 준비가 되었다! 자신이 어떤 이미지로 알려지고 싶은지 명확히 알면, 자신을 표현할 때 도움이 된다. 이제 나가서 당신만의 커리어 브랜드를 만들어보자.

조용한 자본 전략의 첫 번째 기둥을 세웠으니, 이제 두 번째 기둥인 직장에서 신용을 얻는 법에 대해 배워보자.

- 커리어 브랜딩은 조용한 자본 전략의 첫 번째 기둥이다.

- 자랑스러워할 만한 커리어 브랜드는 누구나 만들 수 있다.

- 커리어 브랜드는 사람들이 회의실에 없는 나에 대해 이야기하는 긍정적인 평판과 같다.

- 당신이 커리어 브랜드를 만들지 않으면, 다른 사람들이 당신의 커리어 브랜드를 대신 만들어 버릴 것이다.

- 커리어 브랜딩 4단계

  1. 핵심 가치 찾기

  2. 차별화 요소 파악하기

  3. 재능을 기회로 연결하기

  4. 사람들에게 더 많이 알려지기

5장

말을 듣고, 믿고, 따르게 하는
신용의 힘

"엄마, 도와줘요!" 내가 방 건너편에서 소리쳤다.

1995년, 크리스마스 다음 날이었다. 나는 동생 에릭과 함께 크리스마스 선물로 받은 레고를 조립하고 있었는데, 30분쯤 지나 문제가 생겼다.

"어떻게 하는지 내가 알아요!" 엄마가 들어오자 동생이 말했다.

"아까 말했잖아, 여기에 맞는 조각이라니까. 전에도 해본 적 있어서 어떻게 하는지 알아!"

나는 대뜸 에릭의 제안을 무시하고 엄마를 바라보았다. 누나인 내가 모르는 것을 동생이 모르는 것은 당연하다고 생각했다.

"무슨 일이니?" 엄마가 물으셨다.

"제 생각에는 이 레고 블럭이 여기에 맞는 것 같은데 에릭은 다른 쪽이래요. 엄마가 도와주실 수 있나요?"

엄마는 레고 블럭들을 집어 들었다가 금세 다시 내려놓았다.

"엄마는 잘 모르겠네. 에릭, 그래도 누나 말을 들어야지."

동양인 가정에서 엄마가 맏이인 나에게 주도권을 준 것은 당연한 일이었다. 내가 나이가 많다는 이유만으로, 동생은 내가 하는 말에 무조건 따라야 했다. 이것은 전통이었고, 존중의 태도이기도 했다.

조용한 문화에서 자란 많은 사람들은 가정과 직장에서 윗사람을 따르는 것이 당연하다고 생각하기 때문에 권위에 따른 존중도 자연스럽다. 그러나 내가 사회생활을 막 시작했을 때, 시끄러운 문화의 동료들이 상사와 토론하고 이의를 제기하는 모습을 보며 큰 충격을 받았다. 그들은 기존의 업무 방식에 이의를 제기하고, 더 나은 아이디어가 있다며 제안하기도 했다. 속으로 생각했다.

'어떻게 그리 대담할 수 있지? 어떻게 그토록 당당하게 권위에 도전할 수 있지?'

특히 직급이 높은 상사에게 직언을 하고 나서도 질책받는 것을 두려워하지 않는 점이 이해되지 않았다. 하지만 더 놀라웠던 것은 그들의 이러한 행동이 부정적인 평가를 받기는커녕 오히려 의견이 분명하다고 존중받는 분위기였다는 점이다. 내가 배워온 모습과는 전혀 다른, 역동적인 문화였다.

크리스마스 다음 날 아침의 이 상황은 7살과 5살 아이였던 우리에게 많은 영향을 미쳤다. 엄마는 나와 동생 사이의 갈등을 해결해 주려고 했지만, 결국 자신이 익숙한 방식으로 행동했다. 동생은 나보다 어렸지만, 레고를 훨씬 잘 다루었다. 내가 무턱대고 주도하려고 하자 답답한 마음에 눈동자를 굴리며 기다리던 동생의 모습이 지금도 눈에 선하다.

이 이야기가 다소 유치하게 느껴질 수 있지만, 조용한 문화에서 자란 많은 사람들은 행동할 때 서열을 중요한 기준으로 삼는다.

직장에서도 우리는 나이가 많거나 근무 연수가 길거나 직급이 높은 사람의 말을 따르는 것이 자연스럽다고 여긴다. 개인이 자기가 속한 사회에서 권력의 차이를 받아들이는 정도를 '권력거리'라고 하는데, 계급이나 권위에 따라 자신의 위치를 인식하고 여기에 맞게 행동하려는 경향을 의미한다.

권력거리 지수가 높은 문화에서는 하급자가 상급자의 의견을 절대적인 것으로 받아들이며, 상급자에게 복종하는 것이 일반적이다.

반면 권력거리 지수가 낮은 문화에서는 배경이나 직급에 상관없이 모든 사람이 동등하다.[26] 예를 들어 시끄러운 문화의 직장에서는 경력이 짧은 직원이라도 독특한 경험과 관점을 존중받고, 의사결정 과정에 큰 영향력을 행사하는 일도 드물지 않다.

신용을 빠르게 얻는 공식

이제 조용한 자본 전략의 두 번째 기둥인 '신용'에 대해 알아보자. 조용한 문화에서 자란 우리에게 신용을 쌓는 것은 매우 중요하다. 단순히 사람들의 눈에 띄는 것보다 실력으로 인정받는 방식을 지향하기 때문이다.

지금 당장은 본능적으로 권위 있는 사람이 항상 옳다고 생각할 수 있다. 직위만 보고 자신보다 더 많이 안다고 생각해 자신의 기여와 전문성을 과소평가하고 그 사람에게 최종 판단을 양보할지도 모른다. 특히 자신이 잘 알고 있는 분야일지라도 높은 직급 앞에서 주눅이 들면 소극적인 태도를 보일 수 있다.

신용을 쌓는 방법을 배우면 후배라는 이유로 자신을 낮추지 않을 수 있다. 나는 신용과 자신감을 전략적으로 쌓는 방법을 찾는 데 수년이 걸렸다. 하지만 이 방법을 알아내야만 했다. 다른 사람의 의견에 항상 동의하고, 조용히 규칙을 지키며, 다른 사람의 의견을 따르는 것만으로는 시끄러운 문화의 직장에서 신용을 쌓을 수 없었기 때문이다.

그렇다면 신용이란 무엇이며, 직장에서 신용을 얻으려면 어떻게 해야 할까?

리더십 전문가 제임스 쿠제스James M. Kouzes와 배리 포스너Barry

Z. Posner는 '신용은 우리의 평판이며, 시간이 지나면서 쌓이는 것'
이라고 설명한다.

신용을 쌓으려면, 먼저 존중과 신뢰를 얻어야만 한다.[27] 그렇지
않으면 사람들은 우리의 말을 듣지 않고, 믿지 않고, 따르지 않을
것이다.

$$신용 = 존중 + 신뢰$$

이 공식을 세분화해서 직장에서 존중과 신뢰를 얻으려면 어떻
게 행동하고 말해야 하는지 구체적으로 살펴보자. 존중은 우리의
'행동'을 통해 받을 수 있고, 신뢰는 '말'을 통해 쌓을 수 있다. 이
후에는 위기에서도 신뢰를 잃지 않는 방법과 빠르게 신뢰를 얻
고 강한 인상을 남기는 방법을 소개한다. 신용을 얻고 싶다면 다
음 2가지 질문을 자신에게 던져보자.

'당신은 무엇을 하고 있는가? 그리고 어떻게 말하고 있는가?'

전문가로 보이는 작은 습관

먼저, 어떻게 '행동'해야 존중받을 수 있는지 알아보자. 존중이라는 단어에는 여러 의미가 있다. 존중의 대상에는 사람뿐만 아니라, 그 사람의 생각, 개성, 영역, 신념 등도 포함된다는 사실을 알고 있는가? 타인에게 보여주는 행동을 통해 존중받을 수 있다는 사실은 널리 알려져 있지 않다. 존중은 자연스럽게 받을 수 있는 것이 아니라, 우리가 하는 일과 그것을 통해 보이는 태도로 적극적으로 얻어야 하는 것이다.

2장에서 셰릴 청이 관계자들과 동료들 앞에서 중요한 프로젝트를 중단시켜야 하는 위급한 상황을 어떻게 전했는지 기억하는가? 관계자들을 당황하게 만들면 평판에 나쁜 영향을 줄 수 있었기 때문에 조심스럽게 대처했다. 그녀는 시간을 두고 신중한 질문으로 그들을 준비시키면서 결국 목표에 달성하지 못하리라는 것을 깨닫도록 유도했다. 청의 이야기는 직장에서 갈등을 해결하는 방법을 문화적으로 재구성한 좋은 사례다.

그러나 그녀는 다른 경험을 통해 문화적 맥락에 맞지 않는 행동이 예상치 못한 결과를 가져올 수 있다는 것을 배웠다. 조용한 문화에서 자란 청은 가족이나 손님이 있을 때, 특히 어르신들에게 친절을 베풀고 돕고 싶어 했다. 그녀는 음식이나 물을 제공하는 행동으로 마음을 표현했다. 이러한 행동이 조용한 문화에서는 세심하고 친절한 것으로 받아들여졌지만, 시끄러운 문화의 직장에서는 전혀 다른 결과를 가져왔다.

대학 졸업 후 투자은행에서 일하던 어느 날, 청은 상무이사, 팀장, 고객들과 함께 회의에 참석하게 되었다. 회의실에 앉자마자 물이 없다는 것을 깨닫고 본능적으로 자리에서 일어나 주변 사람들에게 마실 것이 필요한지 물었다. 그녀는 재빨리 나가서 물을 가져와 테이블에 놓았다. 하지만 이 선의의 행동은 의도치 않은 결과를 초래했다. 회의가 끝난 후, 상무이사가 그녀를 따로 불러 말했다.

"다시는 회의 참석자들에게 마실 것이 필요한지 묻지 마세요."

크게 놀란 그녀는 상무이사의 말을 끝까지 듣고 무슨 의미인지 이해했다고 답했다.

"네, 알겠습니다. 습관적으로 그렇게 했습니다."

청이 당시를 회상하며 내게 말했다.

"그런 질문을 하는 것 자체가 그들에게 제가 부하직원이라는 인상을 주는 거라고 하더군요."

상무이사는 이해관계자들 앞에서 중요한 순간에 강한 인상을 남기고, 대면하는 시간을 최대한 활용해야 한다고 설명했다.

"그는 '사람들로부터 존중받기를 원한다면, 그들에게 보내는 모든 신호에 신경을 써야 한다'고 강조했습니다."

직장에서 존중받으려면 우리가 갖춘 능력을 어떻게 증명해야 할까? 우선, 주어진 업무를 제대로 수행하는 것이 기본이다. 결과물이 부실하거나 실수투성이면 동료들의 존경을 받기 어렵다.

그다음은 사람들과 함께 있을 때 인성과 전문성을 보여주어야 한다.

'인성'은 신뢰감, 시간 엄수, 공감 등을 말한다. 약속을 지키고, 경청하며, 존재감을 드러내는 행동을 포함한다. '전문성'은 역량, 소통, 문제 해결 능력 등을 말한다. 앞서 '성과를 대하는 방식'을 재구성한 것처럼, 우리가 알고 있는 것을 사람들이 쉽게 이해할 수 있도록 전달해야 한다. 그들이 자연스럽게 알게 될 것이라고 생각해서는 안 된다. 평판과 표현 방식은 직장에서 존중과 신뢰를 얻는 데 필수적인 요소이다.

청의 상무이사가 말했듯이, 우리는 사람들에게 보내는 모든 신호에 신경 써야 하며, 특별한 상황에서는 더욱 중요하다. 전문성을 드러내는 몇 가지 방법은 다음과 같다.

- 회의실에 있을 때 주변 사람들과 가벼운 대화를 나누어 존재감을 드러낸다.
- 업계 관련 뉴스에 대해 이야기하며 자신이 시장을 이해하고

있음을 보여준다.

- 직장에서 프레젠테이션을 진행한다.

- 회의실에서 뒤쪽이나 측면에 숨어 있지 않고 눈에 잘 띄는 자리에 앉는다.

- 화상 회의를 진행할 때는 카메라를 켜고, 위치와 조명, 배경을 깔끔하고 전문적으로 보이게 설정한다.

이러한 행동들은 의도적이지만, 과하지 않고 자연스럽다. 앞서 언급한 사례로 다시 돌아가면, 청은 회의실에서 고객과 가벼운 대화를 나누거나 최신 시장 동향에 대해 이야기하며 자신이 팀의 중요한 일원임을 보여줄 필요가 있었다. 또한 물을 요청할 때 안내 직원에게 직접 부탁하는 것이 더 나았을 것이다. 다른 사람들과 있을 때 우리의 행동과 존재감은 존중의 기반이 된다.

위기 속에서도 신뢰를 얻는 말

이번에는 '말'로 신뢰를 쌓는 방법을 알아보자. 미국에서는 자동차를 운전하려면 반드시 보험에 가입해야 한다. 시장조사기관 아이비스월드에 따르면 자동차 보험산업의 규모는 3,160억 달러에 달한다. 대부분의 사람들에게 자동차 보험은 매년 납부해야 하는 성가신 지출이지만, 필요할 때는 매우 감사하게 여겨지는 존재다.

일에 대해 이야기를 나누는 건 자동차 보험과 비슷하다. 귀찮고 번거롭게 느껴질 수 있지만, 막상 위기에 닥쳤을 때 큰 힘이 되어준다.

물론 일이 잘 진행되고 있을 때 과정을 공유하는 것은 쉽다. 기분이 좋고 자신감이 넘칠 때는 "그냥 알려드리는 것"이라고 간단히 말하면 된다.

하지만 상황이 좋지 않을 때는 어떻게 해야 할까? 크게 부정적인 인상을 주지 않으면서 사실을 전달할 수 있을까? 이럴 때일수록 진행 상황에 대해 더 자주 소통하는 것이 중요하다. 그렇지 않으면 신뢰를 얻기 어렵다.

존중과 마찬가지로 사람들이 당신을 신뢰하게 하려면 우선적으로 충족시켜야 하는 기준이 있다. 최소한의 신뢰는 선의를 바탕으로 쌓이며 시간이 필요하다. 소통의 핵심은 단순히 정보만 전달하는 것이 아니라, 상대방을 현재 진행 중인 일에 참여시키는 것이다.

나는 이 사실을 젊은 기자 시절에 어렵게 배웠다. 일이 복잡해졌을 때 소통이 필요하다는 판단을 내리지 못했다. 무능해 보일까

두려워 문제를 혼자 해결하려 했고, 결국 팀원들의 신뢰를 얻으려던 노력은 실패로 돌아갔다.

한 번은 팀장에게 특정 날짜까지 뉴스 기사를 보도할 수 있도록 준비해 놓겠다고 했다. 하지만 당일 아침에 내 일정이 꽉 차 있다는 사실을 알게 되었다. (당시에는 열심히 일한다는 것을 증명하려면 더 많은 일을 해야 한다고 믿었다.) 시간이 촉박해지면서 차질이 생겼고, 계획을 바꿔야 했다. 그러나 나는 문제를 논의하지 않고 조용히 혼자 해결하려 했고, 결국 타이밍을 놓쳐 마감시간을 어기고 말았다.

방송에서 마감시간을 넘기는 것은 큰 문제가 된다. 사무실로 돌아왔을 때, 내 잘못으로 인해 팀장이 단 몇 분 만에 모든 사람의 일정을 다시 조정해야 하는 어려운 일을 떠안게 되었다는 사실을 깨달았다.

돌이켜보니 문제가 생겼을 때 바로 상황을 말하고 논의해야 했다. 그렇게 했다면 팀장과 함께 문제를 해결할 수 있었을 것이다. 그런데 내가 그렇게 하지 않아서 상황은 엉망이 되었고 팀장의 신뢰까지 잃고 말았다.

시끄러운 문화권에서 자란 사람들은 때론 어려운 대화를 해야 한다는 사실을 받아들이고, 그것이 업무의 일부임을 이해하고 있다. 그들이 이런 대화를 하는 것은 쉬워서가 아니라, 너무 늦으면 모두에게 피해를 줄 수 있다는 점을 알기 때문이다. 그들은 수비수가 아닌 공격수처럼 적극적으로 문제에 달려든다.

갈등을 피하고 체면을 지키고 싶은 마음, 상대를 귀찮게 하고 싶지 않은 배려심은 특히 조용한 문화권에서 자란 사람들에게 혼자 속앓이를 하면서 침묵을 선택하게 만드는 이유가 될 수 있다. 또 사람들을 실망시키지 않으려고 문제 해결을 회피하는 경향이 있다. 하지만 너무 늦게 말하거나, 아예 말하지 않는 것은 신뢰를 산산조각 내는 가장 빠른 방법이다.

미국에서 가장 인기 있는 양초 브랜드 중 하나인 체사피크 베이 캔들의 창립자 메이 쉬Mei Xu는 일하면서 위기가 왔을 때 어떻게 소통해야 하는지 배울 수 있었던 뼈아픈 경험을 공유했다. 그녀는 소울캐스트 미디어 라이브쇼에 출연해 대형 소매업체였던 타깃과의 첫 거래 일화를 공개했다.

당시 체사피크 베이 캔들은 중소기업이었는데, 그녀는 대형 소매업체에서 자신이 판매하는 제품을 유통하고 싶어 한다는 소식을 듣고 기쁨을 감출 수가 없었다. 회사 성장에 전환점이 될 좋은 기회였기 때문이다. 타깃으로부터 100만 달러 규모의 양초 주문 제안을 받은 그녀는 곧바로 중국에서 공장을 운영하고 있는 언니에게 연락했다. 자매는 이 기회를 반드시 잡아야 한다고 의견을 모았다.

"물론이죠, 문제없습니다."

그녀는 타깃 담당자의 제안에 답변했다.

조용한 문화에서 자란 자매는 타깃 업체 담당자를 '윗사람'으로 여기고, 만족시키는 것을 최우선 과제로 삼았다. 업체의 신뢰를 잃고 싶지 않았던 자매는 모든 것이 잘되고 있다는 느낌을 주기 위해 애썼다. 하지만 그 과정은 순조롭지 않았다. 다양한 직물, 유리, 왁스 색상이 필요했는데 공장은 대량 주문을 받을 준비가 되어 있지 않았던 것이다.

메이 쉬는 제조 및 공급 문제를 알리기보다는 갈등을 피하고자 아무 말도 하지 않는 쪽을 택했다. 직원들과 함께 문제를 해결하려고 노력했지만, 납품일을 맞추기는 점점 더 어려워졌다. 그녀는 당시 자신의 소통 방식이 신뢰를 떨어뜨리고 믿을 수 없게 만들었다고 반성했다.

"직설적인 성향의 미국 중서부 출신들에게는 그런 태도가 정직하지 않게 느껴졌을 겁니다." 그녀가 거래처 담당자 입장에서 말했다.

"이후 여러 차례 대량 납품을 경험하면서 업체의 구매 담당자, 상품 기획자, 매니저들에게 소통하는 방법을 배울 수 있었어요. 그 덕분에 거래처와의 관계가 원활해지고, 신뢰를 쌓을 수 있었습니다."

그녀는 자신의 소통 방식을 다시 돌아보았고, 이 문제가 판매자와 구매자 간의 권력 관계와는 무관하다는 것을 깨달았다. 오히려 서로 성공을 돕는 파트너로서 관계를 형성하는 것이 중요하다는 점을 깨달았다. 새로운 관점을 갖게 되면서 그녀는 진행과정을 투명하게 소통하고, 타깃과의 파트너십을 더욱 견고하게 이어갈 수 있게 되었다.

우리의 업무와 상황에 대해 이야기하는 것은 똑똑하고 전략적인 행동이다. 특히 일에 차질이 생겼을 때 솔직하게 상황을 공유하는 것은 신뢰를 쌓고 유지하는 가장 좋은 방법 중 하나이다. 어려움을 털어놓으면 상대는 이 상황을 이해하고, 그에 맞는 도움을 줄 수도 있다. '너무 늦었다'는 반응보다는 '함께 해결해보자'는 마음으로 문제에 접근하면 긍정적인 인상을 남길 수 있다. 어떤 상황이라도 사람들이 후자를 선호한다는 것은 분명하다.

신뢰를 바탕으로 만든 관계를 유지하려면 어려운 상황에서 어떻게 소통해야 하는지 살펴보자. 이때 TACT 대화법이 도움이 될 것이다.

위기의 순간에 필요한 TACT 대화법

시끄러운 문화를 가진 직장에서 신뢰를 받으려면 노력이 필요하다. 신용을 얻기 위해서는 다른 사람들의 존중과 신뢰가 필수적이며, 이를 위해서는 신중하고 전략적인 태도가 필요하다. 특히 일이 계획대로 진행되지 않을 때 신뢰에 금이 가지 않도록 조심스럽게 소식을 전달하는 것이 중요하다.

이를 위해서는 '적절한 소통'과 '효과적인 소통'의 차이를 이해해야 한다. 적절한 소통은 상황을 둘러싼 맥락을 고려하여 이루어지는 것이고,[28] 효과적인 소통은 사람들이 상황을 알 수 있도록 필요한 정보를 제공하는 것이다.

예를 들어 회의의 목적과 참여자를 파악한 후 말을 시작하는 것이 적절한 소통이고, 자신의 주장을 뒷받침할 데이터와 증거를 제공하는 것이 효과적인 소통이다. 많은 사람들이 어려운 상황에서 이렇게 구분해서 소통하지 않지만, 이런 종합적인 접근은 더 나은 대화를 이끌어낸다.

이를 직장에서 어떻게 적용할 수 있을까? 어려운 상황에서 효과적인 소통을 하기 위한 전략을 소개한다. TACT 대화법은 다음 4가지 요소의 앞자를 딴 것이다.

어려운 상황을 풀어내는 대화법

T Take a moment: 잠시 멈추기

A Articulate the process: 과정을 명확하게 설명하기

C Communicate solutions: 해결책 전달하기

T Talk it out together: 함께 논의하기

T: 잠시 멈추기

일이 계획대로 진행되지 않고 있다는 사실을 깨닫고 불안해지면 몸은 긴장하고, 머릿속에는 여러 가지 시나리오가 그려진다. 조용한 문화에서 자란 많은 사람들은 갈등에 민감하기 때문에 이런 긴장감을 자주 느낀다.

갈등을 피하고 싶은 마음이 들더라도 숨는 것은 신뢰를 잃는 가장 빠른 길이라는 것을 잊지 말자. 갈등을 잘 해결하는 방법이 무엇인지 상황을 다시 살펴보자. 갈등은 피하는 것이 아니라, 시간을 들여 정확히 이해하는 것이 중요하다.

A: 과정을 명확하게 설명하기

생각이 정리되었다면 상대방에게 현재 상황을 정확히 설명하자. 하지만 갑작스럽게 나쁜 소식을 전하는 것은 의도하지 않은 충격을 줄 수 있어 피하는 것이 좋다. 사람들이 지나치게 반응하

거나, 당신을 성급하게 행동한다고 생각할 수 있기 때문이다. 상황을 설명하기 전에 다음 질문에 답해보자.

- 사람들이 이미 알고 있는 것은 무엇인가?
- 지금까지 어떤 조치를 취했는가?
- 우리가 직면한 문제는 무엇인가?

이 질문들에 대한 답은 사람들에게 상황을 이해시킬 때 도움이 된다. 이것이 바로 '적절한 소통'의 핵심이다. 무슨 일이 일어났고 현재 어떤 상황인지 잘 전달하려면 신중하게 생각하는 과정이 필요하다. 이런 과정을 거쳐야 신뢰를 유지할 수 있다. 관계자들이 과정에 대해 많이 알수록 어떤 상황인지 더 잘 이해할 수 있기 때문이다.

앞서 언급한 두 사례를 예로 들면 다음과 같다.

- **대량 양초 납품을 준비하는 메이 쉬:** 저희는 양초 ○개 생산을 준비 중입니다만, 예상치 못한 제조 문제가 발생하여 납품 마감일이 지연될 가능성이 있습니다. 현재 문제를 해결하기 위해 A, B, C조치를 진행 중이며, 상황을 투명하게 공유드립니다.

  (주의: 어떤 조치를 하고 있는지 솔직하게 공유하지만, 지키지 못할 약속

143

은 하지 않는다.)

- **기사의 마감 기한이 촉박한 나:** 몇 시간째 기사를 작성 중이나 진
  전이 거의 없는 상태입니다. A, B, C에게 연락했으나 아직 답
  변을 받지 못해, 상황에 따라 보도 계획을 변경할 가능성이 있
  어 미리 보고드립니다.

  (주의: 이미 수행된 작업을 설명하고, 향후 결과에 대한 가능성을 알린다.

  이때 목소리 톤은 감정을 배제하고, 사무적으로 보고한다.)

C: 해결책 전달하기

업무 진행 과정을 명확히 설명했다면, 다음은 해결책을 제시할
단계이다. 이때 중요한 것은 단순히 문제를 알리는 것에서 그치지
않고, 앞으로의 해결 방안을 제시해야 한다. 이것이 앞서 언급한
'효과적인 소통'의 핵심이다.

최종 결정권이 팀장에게 있더라도 가능한 해결책을 미리 제안
하는 것이 바람직하다. 이를 통해 문제에 진지하게 임하고 있으
며, 다른 사람의 의견을 존중하고 있음을 보여줄 수 있다.

다시 앞서 언급한 사례를 통해 어떤 방법이 효과적인지 살펴
보자.

- **대량 양초 납품을 준비하는 메이 쉬:** 팀과 플랜 B에 대해 논의한 후, 다음 주에 다시 연락드리겠습니다.

- **기사의 마감 기한이 촉박한 나:** 제가 조사한 결과, A기사를 내보 내는 것이 좋을 것 같습니다. 혹은 B기사도 고려해볼 수 있는 데, 이 내용도 시청자들이 관심을 가졌던 것으로 기억합니다.

문제 해결책을 제시하는 것은 직장에서 신뢰를 유지하는 데 매우 중요한 부분이다. 문제가 발생하더라도 이를 숨기지 않고, 오히려 한발 앞서 문제를 해결하려고 노력하고 있다는 것을 보여줄 수 있기 때문이다.

그런데 만약 아직 문제에 대한 해결책을 찾지 못했다면 어떻게 해야 할까? 해결책을 찾는 중이라면, 그 과정을 실시간으로 전달하는 것이 효과적이다.

예를 들어 다양한 해결책을 제시하면서도 파일 앞에 '아직 진행 중인 작업'이라는 문구를 추가하는 것이다. 보고 시에는 "현재 생각 중입니다" 또는 "브레인스토밍 중입니다"라고 말하면 어떻게 해결할지 아직 확정되지 않았지만 방법을 찾고 있다는 사실을 알릴 수 있다. 또한 당신이 문제를 다른 사람에게 떠넘기고 있는 것이 아니라, 해결하기 위해 지속적으로 노력하고 있다는 점을 강조할 수 있다.

T: 함께 논의하기

TACT 대화법의 네 번째 단계는 대화를 마무리할 때 질문에 답할 수 있는 여지를 남기는 것이다. 함께 소통하는 과정은 개방형 질문을 통해 이루어진다. 이 방법이 중요한 이유는 3가지이다. 첫째, 논의할 수 있는 기회를 만들 수 있고, 둘째, 서로 이해할 수 있는 기회를 제공하며, 셋째, 의사결정 과정에 다른 사람들도 참여할 수 있게 된다. 이로 인해 투명하고 개방적인 소통이 가능해진다.

다음은 함께 논의하는 예시이다.

- 그것이 효과가 있을까요?
- 이외에 추가하고 싶은 내용이 있나요?
- 어떻게 생각하세요?

전혀 예상치 못한 상황에서 어려운 대화를 해야 할 때도 있다. 팀장이 갑자기 호출을 하거나 전화를 걸어 준비가 안 된 상태에서 질문을 받을 수 있다. 회의 중에 예상하지 못한 정보나 자료를 요구받아 곤란해질 때도 있다. 이런 순간에는 마치 자동차의 헤드라이트에 놀란 사슴처럼 당황스러울 수 있다. 그래서 심장이 뛰기 시작하고, 눈총을 피하기 위해 상대의 말에 무조건 고개를 끄덕이며 동의할 수도 있다.

하지만 이런 상황에서도 TACT 대화법을 실천할 수 있다. 모두의 시선이 집중된 상황이더라도 도망치거나 숨지 말고 잠시 시간을 가지며 생각을 정리한 후, 자신이 알고 있는 내용을 명확히 설명하는 것이 중요하다. 이렇게 하면 우리가 이 과정에 적극적으로 참여하고 있다는 것을 보여줄 수 있다. 또한 해결책을 제시하고 함께 논의하는 과정을 통해 문제해결 능력을 입증하고 신뢰를 쌓을 수 있다.

중요한 것은 시끄럽게 소통하는 것이 아니라 요령 있게 대처하는 것이다. 신뢰를 쌓기 위해서는 행동뿐만 아니라 말하는 방식도 중요하다.

엘리베이터 피치를 만들어라

이 장에서는 신용을 쌓고 유지하는 데 필수적인 요소인 존중과 신뢰에 대해 이야기하고 있다. 또한 문제가 발생했을 때 어떻게 소통해야 하는지도 다루었다. 신용은 새로운 사람을 만나는 순간부터 쌓이기 시작한다.

회의든, 통화든, 행사든 낯선 사람과의 만남은 자신을 어떻게 표현할지 선택할 수 있는 기회다. 이때 표현하는 방식은 상대가 나를 어떻게 생각할지를 결정하는 중요한 기준이 된다.

처음 만난 사람은 직접적으로 표현하지 않더라도, 우리가 하는 말을 주의 깊게 분석할 가능성이 높다. 신뢰할 수 있는 사람을 통해 소개받는 경우는 예외일 수 있지만, 마음속으로 우리를 평가하고 앞으로 몇 분 동안 대화를 할지 결정한다. 사실 우리도 누군가를 처음 만나면 비슷한 방식으로 상대를 평가한다. 이는 악의가 아니라 인간 본성에서 나오는 자연스러운 행동이다.

그래서 엘리베이터 피치(단시간에 아이디어, 사업 또는 자신에 대해 간단하고 효과적으로 설명하는 말하기 방식)를 미리 준비해두면 경쟁 우위를 점할 수 있다.

특히 새로운 환경에서는 더욱 중요하다. 엘리베이터 피치는 분량이 짧고 연습을 많이 할 필요도 없지만, 기본적인 틀을 갖추고 있으면 첫인상에서 신뢰감을 줄 수 있다. 면접을 볼 때 구체적인 질문에 답하는 것만큼 엘리베이터 피치를 연습하는 것이 중요하다.

효과적인 엘리베이터 피치를 만들려면 성과를 표현하는 방식을 문화적으로 재구성해야 한다. 자신을 지나치게 부풀려서 소개하기보다는, 그동안 이룬 성과와 그 일이 다른 사람들에게 어떻게 도움이 되었는지를 공유하면 된다. 좀 더 구체적으로 말하면, 사람들이 성과에 관심을 갖도록 전달하는 것이다. 훌륭한 엘리베이터 피치는 명확하면서도 사람들이 더 알고 싶게 만드는 매력적인 요소가 있어야 한다.

난시 리우Nanxi Liu는 코드 없이 앱과 툴을 만들 수 있도록 지원하는 기업 블래이즈의 공동 창립자이자 CEO이다. 그녀는 25살이 되기도 전에 〈포브스Forbes〉의 30세 이하 30인에 선정되었고, 성공적으로 두 회사를 설립했다. 대학을 졸업한 지 10년 만에 그녀의 두 번째 회사인 엔플러그는 미국 최고의 고객참여기술 제공업체 중 하나인 스펙트리오에 인수되었다.

그녀는 젊은 나이에 기술과 경영전문가로 자리매김한 인물이다. 많은 젊은 전문가들이 경험 부족이나 나이 문제로 자신이 하는 일에 대해 말하는 것을 꺼리지만, 그녀는 주저하지 않고 자신 있게 말했다.

"대학교 4학년일 때 투자자를 확보할 수 있었어요. 신용을 얻는 방법은 항상 있습니다."

학생 시절, 그녀는 유명한 직장에서 경력을 쌓았거나 직책을 가진 적은 없었지만, 자신의 강점을 중요하게 여겼다. 네트워킹 행사에서 자신이 캘리포니아대학교 버클리 학생이고 학교 임원직에 선출되었으며, 이미 2000명이 다운로드한 앱을 만들었다는 사실을 자랑스럽게 이야기했다. 이 성과는 주요 투자자들에게 대단한 일이 아니었을지도 모르지만, 그녀가 성공할 사람이라는 인상을 남기기에 충분했다. 그녀의 엘리베이터 피치는 짧았지만 강렬했던 것이다.

앞서 말한 것처럼 커리어 브랜드를 만드는 데 중요한 것은 바로 이런 무형의 기술이다. 우리가 하는 일과 그 일이 사람들에게 어떻게 도움이 되는지 잘 모른다면, 어떻게 다른 사람들이 그 가치를 먼저 알아줄 수 있을까?

엘리베이터 피치를 할 때 큰소리로 말하거나 자랑하듯이 할 필요는 없다. 일에 자부심을 담되 겸손하게 이야기하고, 사람들이 그 가치를 쉽게 알아볼 수 있도록 설득력 있게 전달하면 된다.

엘리베이터 피치의 구조는 크게 '도입, 성과, 설명, 메시지'로 나눌 수 있다. 이 구조는 TV뉴스에서 시청자의 관심을 끌기 위해 기사를 전달하는 방식에서 영감을 받은 것이다. 4가지 요소에 대해 자세히 살펴보자.

1. **도입**: 상대의 관심을 끌고 호기심을 유발하는 부분이다. 분위기를 만들기 위해 감정을 자극하는 단어를 사용한다. 상대 또는 청중의 관심사에 맞게 작성해야 한다.

2. **성과**: 자신만이 할 수 있고, 사람들에게 깊은 인상을 줄 수 있는

성과나 업적을 포함한다.

3. **설명:** 숫자나 시의적절한 스토리, 예시 등을 통해 성과를 입증할 수 있는 내용을 담는다.

4. **메시지:** 상대방에게 전달하고자 하는 핵심 메시지 또는 대화를 이어갈 수 있는 질문을 배치한다.

다음은 면접 시 역량을 보여주기 위한 엘리베이터 피치의 예시이다.

인터뷰어: 래리, 본인에 대해 간단히 소개해 주시겠어요?

엘리베이터 피치: 이 자리에 오게 되어 매우 기쁘고, 제 이야기를 나눌 수 있어 영광입니다[도입]. 저는 약 5년 동안 구글에서 소프트웨어 엔지니어로 일했습니다[성과]. 결제 플랫폼 팀에서 광고, 유튜브, 애드센스 계정 관리를 지원하며, 매년 수십 억 달러를 처리하는 플랫폼을 담당했습니다[설명]. 지금 하는 일도 만족스럽지만, 더 많은 사람들에게 도움이 될 수 있다는 사실을 깨닫고 스타트업 세계에 관심을 갖게 되었습니다. 여기에 대해 좀 더 자세히 말씀드리겠습니다[메시지].

다음은 패널이 전하는 엘리베이터 피치의 다른 예시이다.

사회자: 제니, 하시는 일을 청중에게 간단히 소개해 주시겠어요?

엘리베이터 피치: 오늘 이 자리에서 여러분과 함께 오후를 보낼 수 있어 매우 기쁩니다[도입]. 저는 10년 넘게 머신러닝Machine Learning과 AI가 사회에 미치는 영향에 대해 연구하고 있습니다. 마가렛과 함께 캘리포니아에 세계 최초로 AI의 환경적 영향을 연구하는 연구소를 설립했습니다[성과]. 연구소를 설립한 후, AI를 활용해 기후 변화에 어떻게 대응할 수 있는지, 어떤 산업에서 AI를 활용할 수 있는지, 그리고 부작용은 무엇인지 등을 연구해왔습니다[설명]. 오늘 여기 모인 여러분들 앞에서 제가 연구한 내용을 나눌 수 있어 기쁩니다[메시지].

'도입, 성과, 설명, 메시지'를 짜임새 있게 구성하는 것이 엘리베이터 피치의 핵심이다. 이 두 예시에서는 모두 화자가 누구인지, 어떤 성취를 이루었는지, 왜 신뢰할 수 있는지를 이해하는 데 필요한 정보를 충분히 제공한다. 또한 청중의 호기심을 자극해 더 알고 싶게 만든다.

이를 바탕으로 엘리베이터 피치를 더욱 효과적으로 하기 위한 다음 질문에 답해보자.

- **도입:** 당신과 대화를 나눈 상대방이 어떤 기분을 느꼈으면 좋

겠는가? '흥분, 행복, 기대' 같은 긍정적인 감정을 불러일으킬 수 있는 단어를 사용하라. 반대로 '긴박감, 우려, 충격' 등의 단어를 사용해 긴장감을 줄 수도 있다.

- **성과:** 당신이 이 자리에 오게 된 이유는 무엇일까? 그 이유가 될 만한 멋진 성과나 전문성을 보여줄 수 있는 경험은 무엇인가? 청중이 공감할 수 있는 키워드를 선택하라.

- **설명:** 당신이 말한 주제를 뒷받침할 수 있는 정보는 무엇인가? 사실, 데이터, 예시 등을 제시하면 더 많은 신뢰를 얻을 수 있다.

- **메시지:** 당신의 소개를 마무리하고, 상대에게 무엇을 제공할 수 있는지 어떻게 알릴 수 있을까? 가장 쉬운 방법은 당신이 이야기하고 싶은 내용을 미리 살짝 언급하는 것이다.

성공적인 엘리베이터 피치는 간결하고, 강요하거나 영업하는 것처럼 느껴지지 않는다. 훌륭한 엘리베이터 피치는 더 많은 대화를 이어나가는 촉매제 역할을 한다.

자신의 일에 자부심을 가지고 그 일이 중요한 이유를 이해하며, 사람들의 관심사에 맞는 메시지를 전하는 것이 시끄러운 문화 속에서 돋보이는 방법이다. 자신의 일이 미치는 영향을 이해하는 사람들은 빠르게 신뢰를 얻고 강한 인상을 남긴다.

조용한 문화 속에서 일하는 시끄러운 사람

크리스티나 테스는 거침없고 직설적인 성격으로 시끄러운 문화에서 성장했다. 몇 분만 함께 대화하면 그녀가 일에 대해 이야기하고 의견을 적극적으로 나누는 것을 좋아한다는 사실을 알 수 있다.

그녀는 자신이 원하는 것을 말하는 데 주저함이 없었다. 뉴욕에서 일할 때는 사무실의 시끄러운 분위기가 자신과 잘 맞아 좋았다고 했다. 그녀는 신뢰를 얻고, '야망 있는 사람'이라는 이미지로 회사에서 빠르게 승진했다. 그러나 7년 후, 개인적인 이유로 캘리포니아로 이사를 가게 되었고, 실리콘 밸리의 한 유명 투자회사에 입사해 운영을 담당하게 되면서 상황이 완전히 달라졌다.

첫 미팅에서 그녀가 내게 말했다.

"회사 사람들은 제가 말을 할 때 너무 강하고 거칠게 느껴진다고 하더라고요. 사람들이 저를 편하게 느끼고, 저도 사람들과 함께 있을 때 편안함을 느꼈으면 좋겠어요."

새 회사에서 일한 지 1년이 채 지나지 않았을 때 크리스티나는 뉴욕의 사무실에서는 잘 통했던 자신의 방식이 샌프란시스코 사무실의 동료들과는 잘 맞지 않다는 것을 알게 되었다. 동료들의 성향은 대체적으로 조용했고, 그녀가 대화에 흥분해서 끼어들면 자기도 모르게 토론을 주도하게 되는 경우가 많았다. 그녀의 목소리가 너무 커지거나 비판적으로 보일 때면 동료들은 불편한 기색을 보였다.

크리스티나는 자신의 소통 방식이 팀에 부정적인 영향을 주고, 동료들에게 좋지 않은 인상을 주고 있다는 걸 깨달았다. 내가 코칭하는 대부분의 고객과 달리, 그녀는 조용한 문화를 가진 팀원들 속에서 자신의 시끄러운 성향을 다시 생각해볼 필요가 있었다.

조용한 문화를 따르는 것이 문제는 아니었지만, 그것은 그녀의 본성과 맞지 않았다. 중요한 것은 사람들과의 관계를 문화적으로 재구성하는 것이었다. 단지 자신이 하고 싶은 말뿐만 아니라, 상대와 회의실에 있는 다른 사람들에게도 집중하고 신경 써야 했다.

몇 주 동안, 우리는 그녀가 회의실에서 동료들과 소통하고 회의 분위기를 파악하는 방식을 개선할 수 있도록 함께 고민했다. 다른 사람들의 아이디어를 가볍게 여기는 인상을 주지 않으면서, 대화에 참여하고 의견을 나누는 방법에 대해 논의했다.

문화적 재구성을 활용한 크리스티나는 거칠고 논쟁적인 방식에서 벗어나, 조용한 동료들에게 중요한 것이 무엇인지 고민하며 말투를 바꾸어 새로운 방식으로 소통하게 되었다. 이 방식은 자신의 생각을 말하지 않는 것이 아니라, 자신이 속한 조직의 문화를 고려하여 그 생각을 어떻게 표현할지 다시 한 번 고민하고 말하는 것이었다. 몇 개월 후 그녀는 이렇게 말했다.

"이제 회의에 훨씬 자신감을 가지고 참여할 수 있게 됐어요. 예전에는 어떻게 행동해야 할지 몰랐지만, 이제는 회의 분위기를 파악하고 적절한 타이밍에 의견을 제시하면서 다른 사람들을 배려하는 팀원으로 자리 잡을 수 있게 되었어요."

크리스티나는 자신이 겪고 있는 갈등이 단지 서로 다른 기대 때문이라는 사실을 깨닫고 큰 안도감을 느꼈다. 문화적 재구성을 통해 그녀는 자신의 생각을 더 균형 있게 표현할 수 있게 되었고, 그 덕분에 사람들은 그녀의 의견을 더 쉽게 받아들였다. 그 결과 시끄러운 문화에서 쉽게 얻었던 신뢰를 이제는 조용한 문화의 동료들 사이에서도 쌓을 수 있게 되었다.

Tip

신뢰를 쌓는 과정은 끝이 없다. 우리 주변에 어떤 사람들이 있고, 그들이 중요하게 여기는 것이 무엇인지 항상 살펴봐야 한다. 회의실의 분위기와 동료들의 관계를 잘 관찰하고, 말하는 방식뿐만 아니라 몸짓 등 비언어적인 신호도 파악하라. 그렇게 하면 자신을 가장 효과적으로 표현할 수 있다. 반대로 이를 무시하면, 우리가 쌓고자 하는 신뢰가 오히려 무너질 수 있다.

- 신용 쌓기는 조용한 자본 전략의 두 번째 기둥이다.
- 조용한 문화에서 신용은 나이와 직위에 따라 형성되는 경우가 많다.
- 시끄러운 문화에서 신용은 쌓이는 것이고, 그 과정에서 존중과 신뢰가 중요한 역할을 한다.
- 존중은 우리가 보여주는 행동을 통해 받을 수 있다.
- 신뢰는 우리의 말을 통해 쌓을 수 있다.
- 특히 일이 계획대로 되지 않을 때 소통 방법에 따라 신뢰를 지키거나 무너뜨릴 수 있다.
- TACT 대화법은 위기의 상황에서 메시지를 명확하고 의도적으로 전달하는 방법이다. 잠시 멈춰 생각할 시간을 갖고, 과정을 설명하며, 해결책을 전달하고, 함께 논의하라.
- 강력한 엘리베이터 피치는 상대의 호기심을 자극해 나에 대해 더 알고 싶도록 만든다.

6장

원하는 모든 것을
가장 쉽게 얻는 법

내 심장은 빠르게 뛰고 있었고 손에는 휴대폰이 꽉 쥐어져 있었다. 팀장에게 전화를 걸어 그토록 바라던 앵커 자리를 요청하려던 참이었다. 나는 오랫동안 기자로서 앵커 자리를 꿈꿔왔고, 앵커는 업계에서 가장 중요한 자리로 여겨졌다.

이제 나는 방송국을 대표하는 얼굴이 되었고, 시청자들의 관심을 끌 수 있는 능력과 전문성을 갖추었다. 그동안 앵커가 되기 위해 뒤에서 열심히 준비해왔고, 퇴근 후에도 동료들의 도움을 받아 텔레프롬프터로 연습하며 샘플 영상을 촬영했다.

그만큼 앵커가 되고 싶은 마음이 간절했지만 그 자리를 원하는 사람은 나뿐만이 아니었다. 대부분의 동료들도 이 기회를 노리고 있었고, 몇 달 동안 그들이 기회를 얻는 것을 지켜봐야 했다.

'그들은 어떻게 기회를 얻었을까? 팀장이 먼저 제안했던 걸까? 나보다 더 자격이 있었던 걸까?'

이런 질문과 의구심이 머릿속을 스쳤다. 하지만 마음 깊은 곳에서는 이미 답을 알고 있었다. 그들은 팀장에게 최소한 요구를 했기 때문에 원하는 것을 얻은 것이다. 게다가 끈질기기까지 했다.

원하는 것이 있을 때 왜 주저하며 요청하는 것을 망설이는 걸까? 용기를 내어 요청했다면 한 번만으로 충분할까? 앞서 내가 미 공군 선더버드 비행팀을 취재하려고 자원했을 때 거절당했던 경험을 말했다. 또 열심히 일하고 승진을 기다렸던 케빈이 승진에서 밀려났던 사례도 소개했다. 두 사례 모두, 조용한 문화에서 자란 사람들이 보통 '한 번만 물어보면 충분하고, 열심히 일하면 승진할 수 있다'고 여긴다는 점을 보여준다.

우리는 원하는 것을 얻으려면 사고방식을 바꾸고 직접 행동에 나서야 한다는 것을 알게 되었다. 이제 조용한 자본 전략의 세 번째이자 마지막 기둥인 '자기 자신을 지지하기'로 넘어가자. 커리어 브랜드를 만들고, 신용을 쌓아온 경험을 토대로 이제 원하는 것을 요구할 차례다. 여기서는 요구하는 방법과 후속 조치를 취하는 법, 성과를 알리고, 거절을 현명하게 하는 법에 대해 알아볼 것이다.

시끄러운 문화의 직장에서는 다른 사람들이 자신을 대변해 주기를 기대해서는 안 된다. 스스로 기회를 찾고 만들줄 알아야 하며, 이를 업무에서 적극적으로 실천할 수 있어야 한다.

자신의 이익을 극대화하는 전략

A Ask for what we want: 원하는 것을 요구하라

C Circle back to stay top of mind: 다시 연락해서 기억에 남겨라

C Celebrate our wins: 우리의 성과를 축하하라

T Turn down requests: 요청을 거절하라

4가지를 마음에 새기고 실천하는 법을 익히면 의견을 효과적으로 표현하고, 이익을 지킬 수 있게 될 것이다. 지금은 비록 이 시도가 중요하다는 것을 알더라도 조용한 문화에 익숙해 제대로 활용하지 못하거나 시도한다고 해도 어색할 수 있다. 이번 장에서는 원하는 것을 쉽게 얻고, 손해를 최소화하는 방법에 대해 구체적으로 알아보자.

요구를 거절할 이유가 없게 만들어라

이 장에서 처음 언급된 팀장에게 전화를 걸어 앵커 대타 자리를 요청하려던 상황으로 돌아가보자. 전화 연결음이 들리고, 그의 목소리가 들려왔다.

"안녕하세요, 네이선입니다."

"팀장님, 안녕하세요. 말씀드릴 것이 있어 전화드렸습니다. 제가 앵커 자리에 관심이 있어 해보고 싶은데, 혹시 주말에 자리가 생기면 맡고 싶습니다." 나는 최대한 밝은 목소리로 대답했다.

"……음, 당장은 많은 사람들이 돌아가면서 하고 있지만, 기억해 둘게요." 잠시 침묵하던 팀장이 마침내 입을 열었다.

"알겠습니다. 시간 내주셔서 감사해요!" 나는 감사 인사를 하고 전화를 얼른 끊어버렸다.

통화를 마친 후, 안도감과 불안감이 동시에 밀려왔다. 원하는 것을 말한 내 자신을 칭찬하고 싶었지만, 한편으로는 제대로 요구하지 못했다는 생각이 들었다. 왜 앵커 자리에 관심이 있는지 설명하지 못했다. 마치 머릿속이 안개로 가득 찬 느낌이었고, 최대한 빨리 그 상황에서 벗어나고 싶었다. 그 순간, 앞으로도 요구할 일이 자주 생길 것 같다는 생각이 들어 더 효과적으로 요구하는 방법을 배워야겠다고 다짐했다.

조용한 문화권에서 자란 사람들은 직접적이고 분명한 방식으로 소통하는 것이 익숙하지 않아 원하는 것을 요구하는 것이 어렵게 느껴질 수 있다. 인류학자 에드워드 홀Edward T. Hall은 소통방식과 관련하여 '저맥락 문화'와 '고맥락 문화' 개념을 제시했다.

저맥락 방식으로 말하는 사람들은 생각을 직설적으로 표현하며, 의도를 숨기지 않고 그대로 전달한다. 이 방식은 먼저 말할 내용을 간단히 설명한 후, 내용을 자세히 설명하고, 마지막으로 다시 전하는 식이다.[29] 예를 들면 "4페이지에 오류가 있으니 엑셀 스프레드시트를 업데이트해 주세요. 숫자가 데이터와 일치하지 않습니다. 오늘 오후 5시까지 수정된 버전을 보내주세요"라고 말하는 것이다. 이 방식은 모호함 없이 요구 사항을 명확하게 전달한다.

고맥락 방식으로 말하는 사람들은 간접적으로 표현하고, 메시지를 암시적으로 전달한다. 이 방식으로 소통하는 사람들은 요청이 명확하지 않아도 상대방이 이해할 것이라고 믿는다. 예를 들면 "제가 엑셀 스프레드시트를 살펴봤는데, 사람들에게 혼란을 줄 수 있는 부분이 있네요. 괜찮으시면 데이터를 확인해 보시고, 가능하면 오늘 중으로 다시 보내주실 수 있나요?"라고 질문하는 식이다.

고맥락 방식은 요청이 더 간접적이고, 마감 기한도 다소 유연하게 해석될 수 있다.[30] 하지만 이 소통 방식을 이해하는 사람은 행간을 읽고, 직접적이지는 않지만 중요한 요청을 하고 있다는 것을 알 수 있다.

오랫동안 조용한 문화권에서 자란 사람들을 관찰한 결과, 예의상 그렇게 해야 한다고 배웠거나, 덜 강압적으로 느껴져서 요청할 때 고맥락 방식으로 말하는 경향이 있었다. 이 점을 기억해야 한다. 시끄러운 문화권에서는 보통 저맥락 방식으로 소통하는 것이 더 일반적이기 때문이다.

팀장과 전화를 끊은 후, 나는 좀 더 의도적으로 저맥락 방식에 맞춰 요구해야 한다는 것을 깨달았다. 다행히 멀리서 배울 필요는 없었다. 사무실의 많은 베테랑 동료들의 소통방식을 배우고 그들을 따라 하면서, 더 설득력 있게 말하는 방법을 익힐 수 있었다. 그들은 사람들과 관계를 맺을 때 문화적 재구성을 능숙하게 했고, 스토리텔링을 할 때는 청중의 연령대와 관심사를 고려했다. 나는 그들의 프레젠테이션을 보며 효과적으로 말하는 방법을 배우고, 말하기 능력을 향상시킬 수 있었다.

그들이 어떻게 했냐고? 그들은 항상 요구를 하기 전에 '이 아이디어가 왜 시기적절한지'와 '이 아이디어에 왜 관심을 가져야 하는지'에 대해 먼저 설명했다.

예를 들어 '독점 기사'나 '경쟁 우위' 같은 점을 강조하며 그 아이디어가 제작자(이해관계자)에게 어떤 도움이 되는지를 자신의 요구와 자연스럽게 연결했다. 이렇게 하면 그들의 요구가 더 설득력 있게 들렸다. 제작자 입장에서 자신에게 어떤 이익이 있는지 쉽게 이해할 수 있었기 때문이다. 베테랑 기자들의 기사가 거의 선택된 것 역시 시청자가 관심을 가질 만한 주제를 다루어서였다.

그렇다면 이 접근 방식을 내가 원하는 것을 요구할 때 어떻게 적용할 수 있을까? 시간이 지나면서 나는 이 방법을 3단계로 나눌 수 있었다.

1. 확실한 이유를 제시한다.

2. 목표를 일치시킨다.

3. 그 일을 왜 요구하는지 설명한다.

다음 표의 질문에 답하며 각 항목에서 전달할 구체적인 내용을 정리해보자.

목표	질문
확실한 이유 제시하기	- 왜 지금 해야 하는가? - 이 일이 누구에게 어떤 이점이 되는가? - 주장을 뒷받침할 수 있는 수치나 데이터가 있는가?
목표 일치시키기	- 이해관계자들이 무엇을 중요하게 생각하는가? - 비용, 시간, 자원이 드는가? 이것들은 어디서 구할 수 있는가? - 이 일이 조직이나 팀에 실질적인 투자 수익을 가져오는가?
요구하는 이유 설명하기	- 당신이 이 일에 왜 적합한가? - 당신은 이 일을 왜 하고 싶은가?

우리가 원하는 것을 요구할 때 그 중심에 상대를 두는 것이 중요하다. 이때 적절한 질문을 던져보면 상대의 니즈를 미리 파악하고, 어떻게 반응해야 할지 알 수 있다.

요청을 할 때 내용이 인상 깊게 전달될 수 있는 시간은 보통 몇 분에 불과하다. 만약 상대가 우리의 요구를 가치 없다고 느끼거나, 그의 질문에 제대로 답하지 못하면 받아들여지지 않을 것이다. 그래서 요청은 저맥락 방식으로 간결하고 명확하게 전달하는 것이 가장 효과적이다.

다시 앵커 대타 자리를 달라고 요청했던 이야기로 돌아가보자. 팀장은 몇 주가 지나도 여기에 대해 아무런 언급이 없었다. 마음은 불편했지만, 머릿속에서는 팀장과 다시 대화를 해야 한다는 목소리가 들려왔다. 마음의 준비를 하고 있던 어느 날, 다른 주제로 논의를 마친 후 자연스럽게 앵커 대타 자리를 다시 한 번 요청했다. 이번에는 신중하게 생각하고 좀 더 메시지를 다듬어 명확하게 전달할 수 있었다.

"제가 앵커를 대신할 수 있는 기회가 있는지 다시 한 번 여쭤보고 싶었습니다. 메인 앵커가 휴가를 가거나 병가를 낼 경우 쉬는 날이라도 좋으니 와서 돕고 싶습니다. 정규 업무는 당연히 계속하면서 할 수 있으니 걱정하지 마세요. 몇 주 전에 보내드린 영상에서 확인하셨겠지만 연습을 많이 해왔습니다."

여기서 벌어진 일은 2가지였다. 나는 메시지를 완전히 재구성해 팀장에게 내 요구사항을 상기시켰다. 강력한 근거는 실제 공석이 생길 경우를 언급한 것이었고, 팀장이 염려할 수 있는 부분, 즉 내가 대타 앵커를 맡을 경우 본업에 소홀할 가능성에 대해 미리답을 제시하는 것이었다. 그리고 그 자리를 요청하는 이유로 관심과 의지, 헌신을 강조했다. 처음 요구했을 때보다 이번 요구는 훨씬 실질적이고 분명했다.

"상기시켜줘서 고마워요. 영상과 일정을 살펴볼게요." 팀장이 대답했다.

속으로 나는 안도의 한숨을 내쉬었다. 그의 반응은 너무나 일상적이었다. 덕분에 내가 느꼈던 불안이 필요 이상으로 부풀려져 있다는 것을 깨달았다. 몇 주 후, 나는 앵커 자리에 앉게 되었고 용감하게 원하는 것을 말하고 쟁취한 것이 정말 기뻤다.

조용한 문화에서 자란 사람들은 자신의 욕망을 뒤로 미루는 경우가 많다. 이는 다른 사람을 배려하는 것일 수도 있지만, 자신의 욕구를 억누르기만 하는 것은 도움이 되지 않고 오히려 상처가 될 수 있다.

이렇게 생각해보자. 당신이 원하는 것을 요구하는 이유는 그것에 관심이 있기 때문이다. 다른 사람들 역시 그것에 관심이 있는지 확인해보자. 거절에 대한 두려움 때문에 원하는 것을 말하지 못하면 안 된다. 상대의 '거절'을 끝이라고 생각하는 것이 아니라, 다른 방법을 찾으라는 방향 전환의 신호로 받아들여야 한다.

계속 요구하는 사람이 쟁취하는 이유

누군가에게는 원하는 것을 요구하는 일 자체가 어려울 수 있다. 여기에 다시 요구를 해야 한다면 지나치게 부담스럽게 느껴질 수 있다. 이러한 마음의 장애물을 넘기 위해서는 우리가 자신에게 가장 가혹한 비판자라는 사실을 알아차려야 한다.

두려움, 거부감, 당혹감, 죄책감, 수치심은 실제로 우리가 느끼는 감정이지만, 부정적인 자기 대화로 그 강도가 훨씬 커질 수 있다. 상대의 거절이 대화의 끝인지, 아니면 거절을 대화의 끝이라고 생각하는 건지 자신에게 물어보는 여유를 가져야 한다.

또한 마음속 두려움과 실제로 사람들이 당신에 대해 어떻게 생각하는지 비교해보는 것도 도움이 된다. 나는 다음 연습을 통해

마음속 두려움	사람들의 반응
이미 한 번 요청했으니 강압적인 사람으로 보이고 싶지 않다.	- 알겠습니다. 생각할 시간이 필요합니다. - 말씀해 주셔서 감사합니다.
다시는 도움을 요청하고 싶지 않다. 내가 약해 보이기 때문이다.	- 먼저 제안해 주셔서 감사합니다. - 이 논의가 나중에 더 큰 문제를 피하는 데 도움이 될 겁니다.
탐욕스러운 사람으로 보일까봐 더 요구하고 싶지 않다.	- 이 사안에 관심이 많으신 것 같네요. - 정당한 사유가 있으면 검토해 보겠습니다.
사람들을 귀찮게 할까봐 피드백을 요청하고 싶지 않다.	- 여기에 신경을 많이 쓰시네요. - 개선하고 싶으시군요.

사람들의 반응에서 긍정적인 면을 발견하는 연습을 한다.

나의 두려움과 사람들의 반응을 비교해보면 거듭해서 요구하는 것에 대한 두려움을 줄일 수 있다. 각기 다른 이유로 생긴 두려움이지만, 실제 사람들의 반응은 우리가 생각하는 것만큼 부정적이지 않을 수도 있다.

심리학자들은 추가적인 조치를 취하지 않고 상황을 지켜만 보는 사람들의 성향을 '안전 지향적prevention-focused'이라고 말한다.[31] 이들은 안전한 선택을 선호하며, 현상을 유지하고자 한다. 안전 지향적인 사람들은 가진 것을 잃지 않으려는 마음이 크다. 그래서 한 번만 물어보면 충분하다고 생각한다. 이러한 성향은 조용한 문화권에서 자란 사람들에게 흔히 나타난다. 기회를 적극적으로 찾기보다는 상황을 지켜보며 기다리는 경우가 많다.

반대로 시끄러운 문화에서 자란 사람들은 공개적이고 정기적으로 자신이 원하는 것을 말하는 경우가 많다. 승리하기 위해 게임을 하는 사람들로 심리학자들은 이 성향을 '성취 지향적promotion-focused'이라고 말한다. 성취 지향적인 사람들은 자신의 목표를 일종의 보상을 얻는 길로 생각하고, 원하는 것을 요구하며 자신을 드러낸다. 보상을 얻지 못하면 목표를 향해 나아가지 못한다고 느낀다.

심리학자들은 동기부여 방식에 따라 생각의 전환이 가능하고 스스로를 밀어붙일 수 있다는 사실을 발견했다. 한 실험에서는 축구선수들을 안전 지향적인 사람들과 성취 지향적인 사람들로 나누고 각자에게 맞는 방식으로 코칭을 진행했다.[32]

성취 지향적인 선수들에게는 "당신에게 페널티 킥(축구에서 수비팀이 반칙한 후 공격팀에게 주어지는 기회로 골키퍼와의 대결을 통해 골을 넣을 수 있는 기회) 5회가 주어집니다. 최소 3회 이상 득점하는 것이 목표입니다"라고 말했고, 안전 지향적인 선수들에게는 "당신에게 페널티킥 5회가 주어집니다. 2회 이상 기회를 놓치지 말아야 합니다"라고 말했다. 이 방법에 따라 선수들의 실력이 크게 향상되었고, 특히 안전 지향적인 선수들은 "놓치지 말라"는 지시를 들었을 때 2배 가까이 더 득점했다.

이 연구에서 보여준 바와 같이, 동기부여 방식에 따라 사람들의 행동과 사고방식이 달라진다. 특히 안전 지향적인 사람들은 자신의 행동을 제약하는 경향이 있는데, 이를 극복하기 위해서는 후속 조치와 기회를 적극적으로 활용하는 것이 중요하다.

또한 요구 후 후속 조치를 하지 않았을 때 잃을 수도 있는 기회에 대해 생각해보는 것도 도움이 된다. 예를 들면 대형 프로젝트에 참여하거나, 나만의 프로젝트를 만들거나, 내 의견을 표현할 수 있는 기회 등이다.

한 번의 요청만으로는 기회를 놓칠 수도 있다는 점을 기억하자.

거절이 반드시 대화의 끝은 아닐 수 있다는 사실을 인정하는 것도 중요하다. 또한 상대방이 우리가 말한 내용을 처리할 시간이 필요하다는 점을 염두에 두어야 한다.

반복해서 요청하는 것은 실용적인 측면에서 도움이 된다. 연구에 따르면 사람들은 메시지가 제대로 전달되기 위해 필요한 말의 횟수를 실제보다 적게 평가하는 경향이 있다고 한다. 하버드 경영대학원 존 코터John Kotter 교수는 회사들이 직원들에게 원하는 바를 전달하는 횟수가 최소 10배 부족하다고 언급한 적이 있다.[33] 반복적인 요구는 큰 차이를 만들며, 우리가 원하는 것을 얻고자 할 때 특히 중요하다.

그렇다면 같은 방식으로 여러 번 요구해야 할까? 아니다. 그렇게 하면 상대방이 거부감을 느낄 수 있다. 요구하는 것을 전달할 수 있는 다양한 방법을 찾아야 한다.

반복적으로 노력하고 개선을 고민하다 보면, 결국 승인의 기회를 만들 수 있다.

다시 요구할 때는 처음 요구할 때처럼 주장을 잘 뒷받침할 수 있도록 신중하게 준비해야 한다. 특히 첫 요청이 큰 반응을 얻지 못했다면 더 주의 깊게 접근해야 한다. '콘텐츠, 플랫폼, 타이밍'을 점검해 대화가 계속 이어지도록 해야 한다. 다음 3가지 영역을 고려하면 후속 조치를 더 효과적으로 할 수 있다.

1. 콘텐츠

- 핵심은 분명히 전달했다. 이제 말한 것과 실제로 하고자 하는 일이 일치한다는 것을 어떻게 보여줄 것인가?
- 주장대로 하려면 어떤 일을 시작해야 할까?
- 어떻게 다른 관점으로 접근할 수 있을까?

2. 플랫폼

- 처음에는 메시지를 어떻게 전달했는가? 이번에는 어떤 다른 방법으로 전달할 수 있을까? 예를 들어 처음에 이메일을 보냈다면, 이번에는 직접 만나거나 전화, 문자, 영상 통화 등을 통해 전달해보자.
- 간접적으로 소통할 방법은 없을까? 예를 들어 내 요청과 직접적인 관련은 없지만, 간접적으로 영향을 줄 수 있는 사람은 누구인가?

3. 타이밍

- 처음 요청한 것은 언제였고, 다시 연락할 적절한 시간은 언제인가? 다른 날, 다른 시간대, 다른 장소에서 연락해보자.

- 마지막 요청은 언제인가? 첫 요청과 두 번째 요청 사이에 적당한 시간을 두되, 너무 오래 지나면 상대방이 전혀 기억하지 못할 수도 있다. 긴급하거나 시기적으로 촉박한 일이 아니라면 일주일 정도 간격을 두는 것이 적당하다.

이러한 질문에 답하는 연습은 다음에 무엇을 해야 할지 계획을 세우고, 동시에 거절당했을 때 실망감을 덜어내는 데도 도움이 된다.

만약 상대방이 주저하거나 단호하게 거절했다면, 이를 개인적인 감정으로 받아들여 고민하거나 심지어 가능성이 없다고 생각할 수 있다. 하지만 한 번 요청을 한 후 다시 시도해보는 '후속 조치'는 원하는 것을 얻는 과정에서 자연스러운 부분이므로 당연하게 받아들여야 한다.

여기 콘텐츠, 플랫폼, 타이밍을 고려하고 적용한 실제 사례가 있다. 4장에서 커리어 브랜드를 구축하는 방법에 대해 이야기하며, 당시 내가 가진 무형의 기술을 알리기 위해 비즈니스 쇼를 기획부터 홍보까지 하는 아이디어를 냈던 경험을 소개했다.

그러나 이 아이디어가 실현되기 전에 수차례 거절당했다는 사실은 언급하지 않았다. 당시 나는 이 프로젝트를 팀장의 우선순위로 각인시키기 위해 지속적으로 말해야 했다. 내가 믿고 중요하게 생각한 프로젝트였기 때문에 포기하면 놓칠 수 있는 것들에 집중하며 계속해서 도전했다.

그래서 다시 요청하기 전에 어떻게 말을 꺼낼지 고민했다. 다시 요구할 때는 일상적이고 친근한 어조로 대화를 시작하는 것이 가장 효과적이다. 이렇게 하면 상대방이 준비되지 않은 상태에서 결정을 내리도록 강요하지 않게 된다. 반면 진지한 어조는 상대방에게 조급함을 느끼게 하고, 시간을 배려하지 않는다는 인상을 줄 수 있다.

부드럽고 긍정적인 말로 대화를 시작하면 상대방에게 부담을 주지 않으면서 자연스럽게 대화를 이어갈 수 있다. 다음과 같은 말로 대화를 시작해보자.

"팀장님, 안녕하세요. 잠시 시간을 내주실 수 있으신가요?"
"그리고 제가 생각한 아이디어도 간단하게 말씀드리겠습니다."
"그런데 혹시 ○○건은 검토해 보셨나요?"

이제 대화가 시작되었다. 다음은 내가 비즈니스 쇼를 만들고 싶다고 말할 때 사용했던 질문 목록이다.

콘텐츠

• 처음에 핵심은 분명하게 전달했다. 요청한 일과 실제로 하고자 하는 일이 일치한다는 것을 어떻게 보여줄 것인가?

: 팀장이 이 프로그램이 어떤 내용인지 쉽게 이해할 수 있도록, 프로그램 이름이 적힌 브랜딩 워크시트를 공유해서 실제처럼 느껴지게 했다.

• 요청을 받아들여지게 하려면 어떤 새로운 행동을 해야 할까?

: "현재 어떤 쇼들이 방영 중인지도 조사해봤는데⋯⋯"라고 말하며 끈기와 집념을 보여주었다.

• 어떻게 다른 관점으로 접근할 수 있을까?

: 지금까지 이런 쇼가 없었고, 우리가 이 독특한 쇼를 가장 먼저 선보이는 방송사라는 점에서 프로그램의 강점을 강조했다.

플랫폼

• 처음에는 어떻게 메시지를 전달했고, 이번에는 어떤 방법으로 전달할 수 있을까?

: 처음에는 직접 만나서 전했고, 이후에는 이메일에 새로운 자료를 첨부해 전달했다.

- 간접적인 소통은 어떻게 할 수 있는가?

  : 내 아이디어를 지지해줄 것이라고 믿었던 조연출과 소통했다.

타이밍

- 언제 처음 요청했고, 다시 요청한 때는 언제인가?

  : 첫 번째 요청은 목요일 오후였고, 두 번째는 그다음 주 금요일 오전 편집회의가 끝난 후였다.

- 마지막으로 연락한 지는 얼마나 되었는가?

  : 각 연락 사이에 열흘 정도의 간격을 두었다.

첫 번째 요청 이후, 팀장으로부터 최종 승낙을 받기까지 두 번의 후속 조치를 더 취해야 했다. 어색하지 않았냐고? 맞다, 어색했다. 포기하고 싶지 않았냐고? 맞다, 포기하고 싶다는 생각도 들었다. 결국 그만한 가치가 있었냐고? 맞다, 그만한 가치는 충분히 있었다.

'허드슨 밸리 비즈니스 비트Hudson Valley Business Beat'라는 단어가 TV에 방영되는 걸 보는 것은 개인적으로 직업적으로 큰 성공이었다. 이제 나는 이력서에 '현지 방송사 최초로 비즈니스 쇼를 론칭했다'고 쓸 수 있게 됐다. 하지만 그보다 더 중요한 건 내가 자

176

신을 끝까지 믿고 지지했으며, 그것을 최우선으로 생각했다는 점이었다. 이보다 내 자신이 더 자랑스러울 수는 없었다.

잘난 척하지 않고 성과로 주목받는 법

어려운 프로젝트를 마쳤거나, 중요한 목표를 달성했거나, 새로운 고객을 유치하는 등 직장에서 좋은 일이 생겼을 때 어떻게 축하하는가? 당신은 아마 기쁘고 뿌듯한 마음이 들 것이고, 그로 인해 앞으로 어떤 기회가 열릴지 기대될 것이다. 하지만 그 기쁨이 가라앉으면 자괴감이나 불안감이 찾아올 수도 있다. '단순히 운이 좋았던 건 아닐까?', '이런 결과를 다시 만들 수 있을까?'와 같은 부정적인 생각들이 머릿속을 채우기 시작할지도 모른다.

그러나 당신은 놀라운 일을 하고 있고, 스스로 생각하는 것보다 더 많은 인정을 받을 자격이 있다. 조용한 문화에서 자란 사람들에게 열심히 일하는 것은 자연스러운 일이다. 책임감이 강하고 성실하며, 프로젝트와 마감일을 진지하게 대한다.

하지만 더 큰 기회를 얻고 인정받으려면 일을 잘하는 것뿐만 아니라 성과를 자연스럽게 알리는 것도 익숙해져야 한다. 앞서 성과를 새로운 시각으로 바라보고 재구성하면서 그것이 결국 더 큰 성과로 이어지는 이유를 설명했다.

이번 장에서는 우리의 겸손하고 신중한 성향에 어긋나지 않으면서도, 노력의 가치를 알릴 수 있는 방법을 알아보자. 성과를 내세우지 않아도 우리가 옳다고 믿는 방식으로 성과를 보여줄 수 있다. 다음 사례를 통해 구체적인 방법을 살펴보자.

샌디에이고에 있는 ABC10 뉴스룸에서 평소와 똑같은 하루가 시작되고 있었다. 아침 회의를 준비하고 있는데 팀장이 긴장한 표정으로 회의실에 들어와 방금 본 영상을 취재해 달라고 요청했다. 영상에는 한 남성이 거대한 트럭을 몰고 거리를 폭주하거나 덤불을 뛰어넘고, 주차장에서 차의 앞바퀴를 들어 올리는 등 소란을 피우는 장면이 담겨 있었다.

이 영상은 소셜 미디어에서 빠르게 퍼져 인기를 끌고 있었지만, 이웃들은 불안과 불편함을 호소했다. 팀장은 이 운전자를 찾아가라고 지시했다.

"제시카, 이번 취재를 맡아주세요. 이 운전자를 찾아 인터뷰해 보세요." 팀장의 표정에는 흥분과 결의가 묻어났다.

"네, 최선을 다해 보겠습니다." 확신은 없었지만, 불안감을 들키지 않으려 애쓰며 답했다.

다른 업무가 없었던 나는 책상으로 돌아와 인터넷을 뒤지기 시작했다. 소셜 미디어에 올라온 영상을 토대로 전혀 모르는 사람을 몇 시간 안에 찾아내 인터뷰를 요청하는 일이 과연 가능할까?

운이 좋게도 약 1시간의 검색 끝에 나는 운전자의 연락처를 찾을 수 있었다. 그의 페이스북 계정으로 메시지를 보내 인터뷰에 응할 의향이 있는지 물었다. 놀랍게도 그는 흔쾌히 승낙했다. 나는 차를 몰고 그의 집으로 가 주방에서 인터뷰를 진행했다.

인터뷰를 마치고 사무실로 돌아오는 길에 나는 머릿속으로 승리를 자축했다. 팀장이 이 건을 간절히 원했다는 것을 알고 있었기에 인터뷰 성사는 큰 성과라고 생각했다.

한순간 '조용한 문화'에서 자란 나는 습관적으로 이번 성과가 별일 아니라고 여길 뻔했다. 하지만 시끄러운 문화에서 일해온 나는 지금이 성과를 드러낼 절호의 타이밍이라는 걸 잘 알고 있었다. 이번 성과를 강조하면 다른 일에 가려지거나 팀장이 쉽게 잊지 않을 거라고 생각했다. 그래서 나는 성과를 대하는 방식을 바꾸기로 결심하고, 팀장의 사무실로 곧장 걸어가 이번 일이 우리 팀에 얼마나 큰 성과였는지 이야기했다.

"어떻게 됐어요?" 내가 사무실에 들어서자 팀장이 물었다.

"방금 오늘의 톱뉴스를 따냈습니다!" 나는 환하게 웃으며 선언했다. "운전자와 인터뷰 촬영을 마쳤어요. 독점 인터뷰입니다. 많은 내용을 공유해 주었어요. 멋진 기사가 될 겁니다!"

뉴스 세계에서 독점은 명예의 상징이다. 팀장이 함박웃음을 지었다. 팀장은 내가 어떻게 인터뷰를 따냈는지, 운전자가 뭐라고 했는지 등 질문을 쏟아냈다. 우리는 함께 이번 취재가 방송국에 얼마나 중요한 성과인지 이야기를 나누었다. 2분도 채 되지 않는 대화였지만, 팀장은 그 자리에서 내 기사를 톱 뉴스로 결정했다.

그 후에 일어난 일들은 왜 성과를 축하하는 것이 중요한지 분명히 보여줬고, 이 경험은 아직도 기억에 생생하게 남아 있다. 뉴스가 나간 지 며칠 뒤, 최고경영진을 포함한 뉴스룸 전체에 해당 기사와 나의 성과를 칭찬하는 이메일이 발송되었다. 갑자기 나를 알지 못했던 사람들까지 내가 한 일과 그 영향력을 알게 되었다. 이 한 건의 기사 덕분에 나의 인지도는 상상할 수 없을 만큼 커졌다.

그렇다면 주목할 만한 성과에 대해 이야기할 기회는 어떻게 찾아야 할까? 이때 중요한 것은 얼마나 많은 일을 했느냐가 아니라, 그 일을 바탕으로 얼마나 자신을 더 잘 드러낼 수 있느냐이다. 시간 활용 방식을 문화적으로 재구성할 때가 떠올랐다면 당신의 생각이 맞다! 다른 사람들이 성과를 알 수 있도록 기회를 최대한 활용하는 것이다.

직장에서 승진하려면 자신의 노력과 성과를 잘 보여주는 전략이 필요하다. 만약 성과평가 시즌이 다가온다면, 팀장과의 일대일 면담 전에 지난 2~3개월 동안의 업무를 자연스럽게 언급해 당신이 낸 성과를 알릴 수 있다.

조용한 문화에서 자란 사람들은 본능적으로 성과에 대해 이야기하는 것이 어색해서 이런 자리를 피하고 싶을 수 있다. 이런 성향의 우리는 어떻게 성과를 효과적으로 알릴 수 있을까? 원하는 것을 요구할 때처럼 당신의 노력이 어떤 큰 이익을 가져왔는지 떠올리고, 이를 강조할 수 있는 '강력한 단어'를 사용해 말하는 것이 도움이 된다.

다음 질문에 답해 보면 업무에 대해 어떻게 이야기해야 할지 더 명확해질 것이다.

1. 이익을 명확하게 설명하라.

당신의 성과가 다른 사람들에게 어떤 도움이 되었는가? 당신의 성과가 왜 그들에게 중요한가?

2. 과정을 투명하게 공개하라.

그 성과를 창출하기 위해 어떤 단계를 거쳤는가? 3단계로 서술하라.

3. 강력한 단어를 사용하라.

이번 성과를 거두면서 어떤 감정을 느꼈는가? '기대, 행복, 자랑스러움'과 같은 단어를 사용하라.

성과의 이점을 명확히 설명하면 그 성과가 상대방에게 어떤 도움이 되는지 쉽게 이해할 수 있어 더 큰 관심을 가질 수 있다. 또한 업무 과정을 공개하면 상대방이 우리의 노력을 이해하고 그 가치를 인정하게 만들 수 있다. 여기에 강력한 단어로 열정을 표현하면 상대방도 이 성과에 자연스럽게 흥미를 느끼게 된다. 다음은 이 3가지 요소를 모두 적용한 예시이다.

업무: 팀을 위해 엑셀 스프레드시트를 통합해 정리했다.

소개말: "이 시트를 사용하면 데이터를 훨씬 쉽게 선별할 수 있습니다. 모든 자료를 이 탭에 배치하고 번호 순서대로 정리했습니다. 얼마나 많은 시간을 절약해줄지 정말 기대가 됩니다!"

업무: 마케팅 자료를 다시 디자인했다.

소개말: "새 마케팅 자료가 담긴 폴더를 보내드립니다. 글꼴과 색상을 바꿨고 사진도 추가했습니다. 내용이 한눈에 들어와 훨씬 더 좋아진 것 같아요!"

업무: 신규 고객을 유치했다.

소개말: "○○회사와 일하게 되어 매우 기대됩니다. 방금 전화로

향후 발주 건을 어떻게 진행할지 설명해드렸어요. 아주 멋진 일이 될 겁니다!"

반드시 시끄럽거나 뻔뻔하게 자신을 드러낼 필요는 없다. 자신이 자랑스러워하는 일을 소중히 여기는 것만으로도 충분하다. 우리의 업무와 노력, 그리고 그 영향이 중요하다는 사실을 알면 된다.

100% 완벽하지 않더라도 업무에 매일 자부심을 느낄 수 있도록 '성과를 대하는 방식'을 다시 조정할 필요가 있다. 여기에는 승리의 순간을 짧지만 기분 좋게 축하하는 것도 포함된다. 나의 엄마가 말씀하셨듯, 내가 나를 지지하지 않으면 누가 나를 응원해 주겠는가?

좋은 소식은 언제나 나눌 가치가 충분하다

사라 브랜슨은 소규모 홍보 회사에서 촉망받는 젊은 직원이었다. 대학을 졸업한 지 얼마 되지 않았지만, 이미 〈뉴욕타임스The New York Times〉와 〈투데이Today〉 같은 유명 매체에 고객을 위한 광고를 싣는 성과를 내고 있었다. 고객과 미디어와의 관계를 잘 연결해 양쪽에 이익이 되도록 만들어낸 덕분이었다. 그러나 한 가지 문제가 있었다. 사라는 업무 능력은 뛰어났지만, 팀장과의 관계는 원활하지 않았다.

"팀장님과 이야기할 때마다 우리의 관계가 단순히 업무를 주고 받는 관계에 불과하다는 느낌이 듭니다. 제가 팀장님께 보고하거나, 팀장님이 저에게 지시를 내릴 때만 대화를 하고 있습니다."

사라는 팀장과의 관계가 서먹하고 불편하게 느껴졌다. 그 이유를 정확히 알 수 없었지만, 팀장은 회의 중 다른 동료들의 의견에만 집중하고 자신에게는 관심이 없는 것 같았다. 사라는 대인관계 문제로 다른 직장을 구하고 싶은 마음은 없었다. 팀장과 친해질 필요는 없지만, 최소한의 신뢰는 쌓고 싶었다. 팀장과의 관계가 자신의 커리어에 중요하다는 것을 깨닫고, 이 문제를 해결하기 위해 노력했다.

먼저, 사라는 고객과 미디어 사이의 관계에서 효과를 본 방식을 팀장과의 관계에도 적용할 수 있을지 고민했다. 사라가 나에게 말했다.

"미디어사 담당자에게 기억되려면 과하거나 소홀해 보이지 않도록 균형 잡힌 접근이 중요해요. 항상 무언가를 요청하면 부담스럽게 보일 수 있으니까요. 하지만 그렇다고 해서 연락을 끊을 수도 없죠." 그녀가 말을 이어갔다. "그래서 담당자와 대화를 할 때는 그들이 관심을 가질 만하면서도 시의적절한 주제를 선택하려고 해요. 이 방식이 팀장님과의 소통에도 도움이 될 수 있을까요?"

"그 방식을 팀장님과 대화할 때 똑같이 적용해보세요." 내가 대답했다.

그 후 팀장과 어떤 주제로 이야기할 수 있을지 논의했다. 우리는 정기적으로 팀장과 대화를 나눌 수 있도록 성과 목록을 만들었고, 그 업무에는 그녀가 성공적으로 진행한 광고를 보여주기 위해 신문을 가져다주는 일도 포함했다. 적극적이지만 과하지 않은 방식으로 "이걸 보내드리고 싶어요" 또는 "이걸 확인해 보세요"라고 말하며, 팀장이 고객의 상황을 파악할 수 있도록 했다. 그녀는 팀장이 이 부분을 신경 쓰고 있다는 걸 알고 있었기 때문이다.

처음에는 팀장과의 대화가 어색했지만, 시간이 지나면서 점점 자연스러워졌다고 한다. 사무실에 자주 들르다 보니 팀장의 반응은 점점 더 부드러워졌고, 마치 거래처럼 느껴졌던 두 사람의 관계는 더 많은 대화로 발전할 수 있었다.

Tip

메일함에 '좋다'라는 이름의 폴더를 만들고, 사람들이 당신의 기여를 축하하거나 인정하는 이메일을 보내면 모두 이곳에 저장해보자.

이 폴더는 나중에 성과를 증명해야 할 때 유용하게 사용할 수 있다. 또 직장에서 자신감을 키우고 싶을 때도 이 폴더를 열어보면 힘을 낼 수 있다!

거절은 이기적인 것이 아니라 현명한 선택이다

확신을 가지고 우아하게 거절하는 것은 자신을 지키는 방법 중 하나다. 조용한 문화에서 자란 많은 사람들은 팀원으로 인정받고 싶어서 프로젝트를 무조건 맡는 경우가 많다. 하지만 이렇게 일하면, 시간을 낭비하고 자신을 지키는 데 도움이 되지 않는 일에 얽히게 된다. 프로젝트를 맡고 팀원으로서 협력하는 것은 직장에서 좋은 인상을 주지만, 두려움 때문에 수락하는 것은 역효과가 날 수 있다.

나 역시 새내기 기자 시절에는 거절하는 데 어려움이 많았다. '예'라고 말하는 것이 더 쉽게 느껴졌고, 상대방이 나보다 상급자인 경우 거절이라는 선택지가 아예 없다고 생각했다. 그런데 시끄러운 문화에서 일하면서 동료들이 팀장의 요청이나 자신이 맡은 업무 중 일부를 거절하는 모습을 보고 놀랐다. 내가 그동안 배운 것과는 정반대의 모습이었다.

이후, 나 역시 존재감 없이 묵묵히 일만 하는 사람으로 오해받고 싶지 않다는 걸 깨닫고, 자신감 있고 정중하게 거절하는 방법을 배워나갔다.

전략적으로 거절하는 방법을 배우기 위해 나는 베테랑 기자들이 어떻게 회의에서 자신 있게 토론하고 이의를 제기하는지 연구했다. 그들이 어떻게 거절하고, 상대가 반발할 경우 어떻게 후속 조치를 취하는지도 관찰했다. 이런 일이 자주 일어난 것은 아니지만, 거절에도 기술이 있다는 것을 알게 되었다. 사실, 베테랑 기자들의 소통 기술은 나도 이미 알고 있는 것이었지만 실제로 써본 적은 없었다.

기자로서 주요 임무는 사람들을 찾아가 인터뷰하고, 그들의 행동에 대해 책임을 묻는 것이다. 이 과정에서 정치인이나 기업 임원, 또는 대중에 영향을 미치는 유명인들과 까다로운 주제로 대화를 나눠야 할 때가 많다. 이런 대화는 불편할 수 있지만, 기자로서 상대방이 대화를 거부하지 않도록 '섬세하게' 밀어붙이면서도 필요한 답변을 얻을 수 있도록 '단호하게' 소통해야 한다. 이 균형을 맞추기 위해서는 높은 수준의 사회적 인식과 자기 인식이 필요하다.

인터뷰에서 실수하면 상대방이 중요한 말을 일부러 하지 않을 수 있지만, '어조 신경 쓰기, 설명 간단히 하기, 후속 조치하기'를 기억하면 상대방이 마음속에 숨겨둔 말도 쉽게 이끌어낼 수 있다. 이 요소는 TEF(어조, 설명, 후속 조치)라는 방식으로 요약할 수 있다. 이 방법을 직장에서 어떻게 적용할 수 있을지 살펴보자.

어조Tone: 톤, 즉 어조는 상대가 메시지를 어떻게 받아들이는지에 영향을 주는 가장 중요한 요소이다. 거절할 때는 중립적이고 사무적인 어조를 유지하여 상대가 내 의견을 받아들일 수 있도록 해야 한다.

설명Explain: 거절할 때는 상대가 무시당하는 기분이 들지 않도록 이유를 설명해야 한다. 예를 들어 마감일이 다가오거나, 업무가 많아서 추가로 일을 할 수 없거나, 자신이 그 일에 적합하지 않다는 이유 등을 들 수 있다.

후속 조치 Follow: 거절한 후에는 선택지를 제시하여 여전히 그 업무에 관심을 가지고 있지만, 상대를 기다리게 하고 싶지 않다는 것을 알린다. 예를 들어 시간이 될 때 다시 확인해달라고 하거나, 다른 방법을 찾아볼 수 있도록 아이디어를 줄 수 있다.

다음은 간단하고 자신 있게 상대의 요구를 거절하는 방법을 보여주는 예시이다.

"저를 떠올려 주셔서 감사해요. 그런데 당장은 A 프로젝트에 도움을 드릴 수가 없네요. 현재 진행하는 업무의 마감일이 촉박해서요. 다음 주 금요일에 다시 말씀해 주세요. 그때는 좀 더 여유가 있을 겁니다."

"흥미로운 아이디어예요. 그런데 저는 적합한 사람이 아닌 것 같네요. 제게 익숙한 분야는 아닙니다. ○○팀에 확인해 보시는 게 어때요? 도움을 주실 만한 분이 있을 거예요."

요청을 거절하는 것은 부담스럽게 느껴질 수 있지만, 어조에 유의하고 간단히 설명하고 선택지를 제공하는 후속 조치를 하면 더욱 자신 있게 할 수 있다. 이 방법을 사용하면 우리가 상대방을 신경 쓰지 않는다거나 존중하지 않는다는 느낌을 주지 않으면서, 생각을 명료하고 친절하게 전달할 수 있다. 거절하는 과정에서 실제로 더 나을 수도 있는 선택지를 제공하는 등 다른 방식으로 상대를 돕기 때문이다.

무엇보다 거절을 통해 우리는 자신의 경계를 만들고 지킬 수 있다. 직장에서는 자기 입장을 확실히 하는 사람을 존중하는 경향이 있다. 거절은 이기적인 행동이 아니라 현명한 선택이라는 점을 명심하자!

결국 원하는 것을 요구하든, 그 요구를 반복하든, 성과를 축하하든, 요청을 거절하든 직장에서 항상 자신에게 유리한 방향으로 행동해야 한다. '자신을 지지하는 것'은 조용한 자본 전략의 세 기둥 중 하나이다. 문화적 재구성이 상황에 대한 접근 방식을 바꿔준다면, 조용한 자본 전략은 우리가 마땅히 받아야 할 인정을 받을 수 있도록 도와준다.

사실, 당신이 조용한 문화에서 자란 사람이라면 조용한 자본 전략 3가지는 '하면 좋은 일'이 아니라 '반드시 해야 하는 일'이다. 개인적인 커리어 브랜드를 만들고, 신용을 쌓으며, 자신을 지지할 때 사람들은 당신을 진정으로 자신만의 생각과 요구, 열망을 가진 사람이라고 인식하게 될 것이다. 더 중요한 것은 이 전략이 정당한 이유로 주목받을 수 있는 방법이라는 것이다.

Point

- 기다리면 기회를 줄 거라고 기대하지 마라. 우리는 자신을 가장 잘 대변해야 한다.

- 직장에서 우리는 최선의 이익을 위해 ACCT(원하는 것 요구하기, 필요시에는 재차 요구하기, 성과 축하하기, 요청 거절하기)를 해야 한다.

- 강력한 논거를 제시하고, 목표를 일치시키고, 자신이 그 일을 맡기기에 가장 적합한 이유를 설명하면서 원하는 것을 요구하라. 이렇게 하면 상대방은 당신의 요구가 타당하고 가치 있다고 인정하게 될 것이다.

- 콘텐츠, 플랫폼, 타이밍을 고려해 자신이 원하는 것을 상대방에게 우선순위로 각인시켜라. 반복적인 요청은 필수이며, 이 3가지 요소는 언제, 어떻게 재요청을 할지 판단하는 데 도움을 준다.

- 이점을 명확하게 설명하고, 과정을 투명하게 공유하며, 강력한 단어로 자신의 성과를 알려라. 당신이 하는 일과 그 중요성을 다른 사람들이 이해할 수 있다.

- 요청을 거절할 때는 어조에 신경 쓰고, 이유를 설명하며, 후속 조치를 취하라. 거절은 경계를 설정하고 기대치를 명확히 만드는 방법이다.

3부
진정한 능력자는
주목받는 법을 알고 있다

일을 잘하기만 하면 사람들이 저절로 알아줄 거라는 생각은 일에 대한 큰 오해 중 하나이다. 이제 우리는 원하는 방식으로 주목받고 싶다면 전략적으로 행동해야 한다는 사실을 알고 있다.

3부에서는 소통 기술을 어떻게 개발해야 하는지 자세히 살펴보자. 소통을 구성하는 3가지 주요 요소인 '말, 목소리, 몸짓'을 중점적으로 알아본다. 우리가 하는 일에 전략적인 소통 기술을 더하면 경쟁 우위를 점할 수 있다. 사람들이 우리를 알아보고 기억할 것이며, 놀라운 기회가 펼쳐지기 시작할 것이다.

7장

말의 효과를
3배 높이는 상황별 대화법

2021년 크리스마스 2주 전, 나는 다음과 같은 이메일을 받았다.

"저는 중국에서 온 이민 1세대로 현재 북미의 한 사모펀드 회사에서 일하고 있습니다. 저는 유능하고 자신감이 넘치는 '알파 남성'처럼 보이고 싶습니다."

이 두 문장에서 긴박함과 절박함이 동시에 느껴졌다. 사라 린은 조용한 문화와 시끄러운 문화 사이에서 어려움을 겪고 있었다.

중국에서 자란 린은 조용한 문화에 익숙했지만 역동적인 금융 회사에서 일하면서, 자신의 의견을 효과적으로 전달하려면 '알파 남성'처럼 행동해야 한다고 생각했다. 그녀는 상황을 개선하고자 도움을 요청해왔고, 우리는 신속하게 미팅 일정을 잡았다.

"사실 저는 회의에서 말을 많이 해요. 머릿속에 아이디어가 떠오를 때마다 공유합니다."

"그건 훌륭하네요. 그러면 직장 내 문제가 어디서 비롯된다고 생각하세요?"

"제가 말하는 순간 대화가 끊겨요. 저 혼자 착각일 수도 있지만, 타이밍을 잘 못 잡는 것 같아요. 대화 중 언제 끼어드는 게 좋을지 판단이 서지 않습니다."

린은 자신의 소통방식이 지식과 전문성을 돋보이게 하는 방식은 아닌 것 같다고 했다.

그녀는 말할 때마다 모두가 들을 수 있게 크고 우렁차게 말했다. 또 도중에 누군가 자신의 말을 자를 수 없도록 빠르게 말했다. 해야 할 일을 했을 뿐이라고 생각했는데, 회의실에는 늘 긴장감이 감돌았다. 동료들은 별 반응 없이 그녀를 쳐다보기만 했다. 그녀의 말에 힘을 실어주는 동료는 없었다. 소통방식을 바꾸기 위해서는 문화적 재구성이 필요했다.

그녀는 자신이 회사에서 존재감이 약하다고 느끼고 있었다. 앞서 조용한 문화에 대한 편견에 대해 이야기하면서 우리에 대한 편견을 완전히 바꿀 수는 없지만, 나 자신을 지지하는 방법에 대해 이야기했다. 나는 그녀에게 '알파 남성'처럼 행동해야 한다는 생각을 버리고 다른 방법을 찾아야 한다고 말했다.

"목소리가 크다고 해서 효과적으로 말을 전달할 수 있는 건 아닙니다. 어떻게 말을 할지, 어떤 방식으로 전달할지 먼저 생각해야 해요. 상대의 관심사를 고려해 메시지를 전달하는 것이 중요합니다."

"하지만 제시카." 린이 끼어들었다. "동료들의 관심사가 무엇인지, 제가 언제 어떻게 말해야 하는지 알 수 있는 데이터가 없어요."

예상치 못한 반응이었다. 하지만 분석적인 성향의 린이 왜 그런 말을 하는지 이해할 수 있었다. 그녀는 참고할 데이터나 수치가 없어서 상황을 정확하게 파악하기 힘들고, 자신이 올바른 판단을 내리고 있는지 알 수 없다고 말했다.

사실 린은 내가 일반적으로 코칭했던 고객들과 비교했을 때 조금 특이한 사례였다. 대개 조용한 문화권에서 자란 사람들은 대화에 끼어드는 것 자체를 어려워하는 경우가 많았다. 하지만 목소리를 내는 것이 자연스럽든 불편하든, 효과적으로 소통을 하려면 기술이 필요하다.

이제부터는 일터에서 어떻게 하면 더 말을 잘하고 자신을 표현할 수 있는지 구체적으로 살펴보자. 문화적 재구성이 상황에 접근하는 새로운 관점을 제시한다면, 조용한 자본 전략은 이 관점을 적용할 수 있는 직접적인 기술이다. 그리고 궁극적으로 이 모든 것을 하나로 묶어주는 것이 바로 효과적인 소통 능력이다.

회의에서 말 잘하는 사람들의 숨은 기술

사람들 앞에서 할 말을 어떤 단어로 표현할지 고민하는 것은 머릿속으로 하는 가장 답답한 게임이 될 수도 있다. 회의실에 앉아 상황을 조용히 파악하고 있는데, 마음 한구석에서 '빨리 말을 해야 한다'는 압박감이 느껴질지도 모른다. 이는 조용한 문화에서 자란 많은 사람들에게 익숙한 내면의 목소리로, 우리가 생각한 말을 누군가가 먼저 할까봐 불안하게 만들고, 상황을 지나치게 해석하게 해 자신감을 떨어뜨리기도 한다. 그래서 이 목소리를 따르면 말을 제대로 하지 못하거나, 우아하지 않은 방식으로 말하게 될 수 있다.

그렇다면 회의에서 어떻게 자신의 의견을 말하고, 업무에 대해 전문가처럼 설명하며, 자신을 지지할 수 있을까? 움츠러들지 말고 사람들과 관계 맺는 방식을 문화적으로 재구성해야 한다. 회의실에 누가 있고, 그들이 무엇에 관심을 갖고 있는지 파악하는 것이 첫 번째 단계이다.

그 후에는 타이밍을 고려하여 자신이 말할 적절한 순간을 파악해야 한다. 즉, 사람들이 우리의 말을 더 잘 받아들일 수 있는 시점을 찾아야 한다. 회의의 흐름을 방해하면 사람들이 무례하게 생각하고 나아가 우리의 말을 듣고 싶지 않게 될 수 있다.

따라서 회의에서 효과적으로 발언하려면 활발한 토론 속에서 자연스럽게 끼어들어 자신의 의견을 말할 수 있는 타이밍의 달인이 되어야 한다.

여기서 유용한 것이 '적극적 경청Active listening, 인정하기 Acknowledging, 핵심 잡기Anchoring, 대답하기Answering' 4A단계이다. 이 방법은 매우 효과적인데, 회의 중 적절하게 말할 순간을 찾고 자연스럽게 대화에 참여하는 데 가이드와 기준이 되기 때문이다. 단계별로 활용 방법을 구체적으로 알아보자.

1단계. 적극적 경청: 타이밍 엿보기

'적극적 경청'이라는 단어를 들으면 보통 다른 사람에게 피드백을 주는 상황이 떠오를 것이다. 우리는 사람들을 더 잘 이해하고, 의견이 개선될 수 있도록 돕기 위해 경청한다. 하지만 회의에서 적극적으로 경청을 해야 하는 이유는 조금 다르다. 여러 사람이 대화하고 있는 중에 언제 적절히 끼어들지 판단하려면 경청해야 한다.

대부분의 사람들은 적극적인 경청을 자연스럽게 할 수 있고, 이미 하고 있을 것이다. 하지만 우리는 단순히 듣기 위해 경청하는 것이 아니라, 말할 준비를 하면서 경청해야 한다. 이렇게 의도를 가지고 경청하면, 우리의 뇌가 핵심 단어를 찾고 언제 생각을 덧

붙일지 적절한 타이밍을 찾는 데 도움이 된다.

예를 들어 회의의 주제가 운영에서 규정 준수로 넘어갔고, 관련 부서의 일원이라면 지금이 바로 집중해야 할 순간이다. 고객 데이터에 대한 말이 나오기 시작했고, 데이터 팀에서 일한다면 그때가 바로 집중해야 할 순간이다.

몸짓이나 어조처럼 미묘한 변화도 잘 살펴야 한다. 예를 들어 누군가 자세가 흐트러지거나 몸을 뒤로 젖히거나 주위를 둘러보기 시작하면, 이는 대화에 개입할 적기라는 신호일 수 있다. 어조가 변하는 것도 대화가 끝나간다는 신호일 수 있다. 이때가 말을 시작할 기회다.

경청하면서 이러한 단서들을 적극적으로 찾으면 상황을 파악할 수 있다. 타이밍이 정해졌으면, 이제 방금까지 말한 사람의 의견을 인정하면서 대화에 자연스럽게 끼어들면 된다.

2단계. 인정하기: 매끄럽게 끼어들기

끼어들기 적절한 순간을 파악했다면, 당신의 입에서 처음 나오는 말은 방금 누군가가 말한 것을 인정하는 내용이어야 한다. 인정은 대화의 흐름을 매끄럽게 만드는 소통 전략이다. 다른 사람들의 기여를 인정하면 협업에 적극적이라는 인상을 줄 수 있다. "제가 한마디 해도 될까요?"라거나 "아니요, 저는 동의하지 않습니다" 같은 말로 대화에 끼어들면 갑작스럽거나 공격적으로 느껴질 수 있다.

반면, 인정은 사람들에게 자신의 의견이 존중받고 있다는 느낌을 주어 다른 사람의 말도 더 잘 받아들이게 만든다. 다음은 상대방의 의견을 효과적으로 인정하는 예다.

"정말 좋은 지적이에요, 조이스. 사실~"
"카터, 제가 한 가지 추가로 말씀드리면요~"
"맥스, 알아두면 좋을 것 같네요~"
"좋은 아이디어예요, 켈리. 생각해보니~"

방금 전에 말한 사람의 이름을 포함해서 그 사람이 말한 내용을 인정하는 것은 적극적인 경청의 기술이다. 여기서 중요한 점은 인정하는 것이 동의를 뜻하지 않으며, 단지 상대방의 말을 경청하고 있다는 의미라는 것이다. 상대방의 의견에 동의하지 않을 때일수록 인정하는 것이 더 중요하다. 대립하지 않고 대화에 자연스럽게 참여할 수 있기 때문이다. 예를 들면 다음과 같이 말할 수 있다.

"흥미로운 지적이네요, 조이스. ~에 대해 생각해 보셨나요?"
"무슨 말인지 알겠어요, 카터. 하지만 걱정되네요. 왜냐하면~"

"그 얘기를 꺼내줘서 고마워요, 맥스. 저도 그 부분이 걱정됐는데~"

"정보를 공유해줘서 고마워요, 켈리. 생각해보니~"

앞서 말한 사람을 인정하고 나면 회의에 참석한 사람들의 이목을 집중시킬 수 있다. 다음 단계는 핵심 잡기다.

3단계. 핵심 잡기: 내용 연결하기

핵심 잡기는 대화의 흐름을 유지하기 위해 전에 발언한 사람이 사용한 단어 한두 개를 반복하는 것이다. 이는 상대방이 말한 내용과 내가 말하고자 하는 내용을 자연스럽게 연결하는 방법이다.

조이스: 재정 상태가 좋지 않아서 완전히 다른 방향으로 가야 할 것 같아요.

나: 좋은 지적이에요, 조이스. 재정 상태는~

카터: 그 고객은 저희 메인 페이지의 사용자 환경이 탐색하기 어렵다고 했어요.

나: 그 부분 말씀해 주셔서 고마워요, 카터. 저도 사용자 환경이 개선이 필요하다고 생각하는데, 우리가 개선할 수 있는 부분은~

맥스: 마케팅 부서와 얘기했는데, 저희가 제출한 파일에 몇 가지 수정 사항이 있다고 하더군요.

나: 네, 맞아요, 맥스. 마케팅 부서는 ○○의 제안을 별로 마음에 들어 하지 않았어요~

켈리: 남아시아 시장으로 진출하는 것도 고려해볼 수 있습니다.

나: 무슨 말씀인지 알겠어요, 켈리. 남아시아 시장으로 확장하는 데 있어 우려되는 건 우리가 아직 확고하게 자리를 잡지 못했다는 점이에요~

핵심 잡기는 다른 사람이 말한 내용과 내가 말하고자 하는 내용을 부드럽게 연결해준다. 또한 우리가 말하고자 하는 요점을 의도적으로 강조하기 때문에 '음'이나 '아' 같은 불필요한 말의 사용도 줄일 수 있다. 모든 사람의 이목을 끌었다면, 이제 우리의 대답이 빛을 발할 차례이다.

4단계. 대답하기: 전문성 드러내기

4A단계를 모두 시행하기까지는 단 몇 초도 걸리지 않는다. 이 기술은 빠르지만 그 효과는 매우 크다. 우리의 말에 귀를 기울일 수 있도록 사람들을 미세하게 준비시키기 때문이다. 이제 말하고

자 하는 내용의 핵심이나 제안을 발표할 차례이다.

하지만 대부분의 사람들이 바로 이 단계에서 설득력 있게 주장을 펼칠 기회를 놓친다. 모든 눈이 자신을 주시하고 있는 상황이 당황스러워 생각의 흐름이 끊기기도 한다. 또는 중얼거리거나 너무 빠르게 말하기도 한다. 누구나 한번쯤 이런 일을 경험한 적이 있을 것이다.

그렇다면 어떻게 자신 있게 내 생각을 말할 수 있을까? 이를 위해서는 '내가 말하고자 하는 메시지의 핵심 내용은 무엇인가?'라는 질문을 던져야 한다. 간단하지만 강력한 질문이다. 기자들은 매일 자신에게 이 질문을 던지면서 기사를 작성하고 다듬는다. 다음은 이 황금 같은 질문에 답하기 위한 순서이다.

요점을 명확히 한다: 전달하려는 핵심 내용을 분명히 한다.

예시를 든다: 요점을 설명하는 데 도움이 되는 구체적인 예시를 한두 가지 제시한다.

요점을 반복한다: 메시지를 강조하기 위해 요점을 다시 한번 반복한다.

바로 이거다! 사람들이 이해할 수 있도록 핵심만 잘 정리하면 되는데, 때로는 장황하게 설명하려는 경우가 있다. 이 점을 명심하면 갑자기 발언해야 하는 상황에서 빙빙 돌려 말하는 실수를 하지 않을 수 있다. 말이 길어지는 것 같으면, 그때는 차라리 "제가 말하고자 하는 것은~"이라고 간단히 말하면 된다.

다음은 장황한 메시지와 간결한 메시지의 차이를 보여주는 예시다. 전달하려는 핵심 내용은 동일하다.

긴 글: 이 도시에는 심장 질환을 앓고 있는 사람들을 위한 혁신적인 시술을 하는 병원이 있습니다. 이 시술은 최첨단 기술을 사용하며, 이식된 장치는 일정 시간이 지나면 자연스럽게 몸속에서 녹아 없어집니다. 어떤 장치인지 궁금하신가요?

자문하기: 내가 전달하고자 하는 핵심 내용은 무엇인가?

강력하고 효과적인 글: 한 지역 병원에서 최첨단 심장 시술법을 공개했습니다. 이 시술에는 환자 몸속에서 녹아 없어지는 장치가 사용됩니다. 더 알고 싶으신가요?

회의에서 발언할 때는 요점을 명확하고 간결하게 하는 것이 중요하다. 또한 회의의 흐름, 말하는 사람의 몸짓과 어조의 변화 등을 고려해 적절한 순간에 발언해야 한다. 4A단계를 활용해 언제,

어떻게 대화에 끼어들지 결정하면 더 자연스럽고 효과적으로 집중시킬 수 있다.

마음을 움직이는 설득의 언어

아리스토텔레스는 우리가 말을 하는 이유는 설득하기 위해서이며, 이것이 말하기의 궁극적인 목적이라고 했다.[34] 효과적인 소통의 핵심은 바로 상대를 설득하는 능력이다. 많은 사람들이 군중을 움직일 수 있는 연설가가 되기를 꿈꾼다. 회의실에서든, 단 한 사람 앞에서든 혹은 5명이나 500명 앞에서든 아이디어와 영감을 떠올리게 하고 동기부여를 해주는 사람이 되고 싶어 한다.

무엇을, 어떻게 말할지 안다면, 이런 꿈은 결코 먼 미래의 이야기가 아니다. 어떻게 말해야 사람들을 설득하고 내 아이디어의 탁월함을 보여줄 수 있는지 알아보자.

설득력은 대부분의 사람들에게 학습되어 있는 기술이다. 내게 소통과 관련해 도움을 요청하는 많은 고객들은 자신의 분야에서 뛰어난 능력을 가지고 있고, 어려운 전문용어조차 땀 한 방울 흘리지 않고 읊을 수 있다. 그러나 이런 사람들조차 자신의 생각을 설득력 있게 전달하거나 팀의 행동을 이끌어내는 데 어려움을 겪는다. 설득하는 것이 강요하는 것처럼 느껴져 불편하거나, 팀장처럼 지위가 높은 사람을 설득해야 할 때는 자신이 배운 존중의 가치에 어긋나는 것 같아 주저하게 되기도 한다.

타인을 설득하기 위해서는 직접적이고 명확한 소통이 필요하다. 하지만 암묵적인 소통방식을 선호하는 사람들에게는 이러한 방식이 낯설고 어렵게 느껴질 수 있다. 이러한 경우에 타인을 설득하려면 어떻게 말해야 할까? 직장에서는 '설득 포인트'와 '대비의 힘'이라는 2가지 전략을 기억하면 된다.

설득 포인트

설득 기술은 크게 '정량적 포인트'와 '정서적 포인트'로 나눌 수 있다. 많은 사람들이 이 중 하나를 사용하지만, 2가지를 함께 사용해야만 진정한 위력을 발휘할 수 있다.

'정량적 포인트'는 주장을 뒷받침하는 사실, 연구, 수치 등을 활용하며 논리성을 강화한다. 반면 '정서적 포인트'는 이러한 데이터를 바탕으로 진심을 담아 상대의 공감을 끌어내고 감정을 움직인다. 이 2가지를 함께 사용할 때 논리적 설득과 감성적 호소를 모두 할 수 있어 설득력이 한층 더 높아진다.

다음은 정량적 포인트와 정서적 포인트, 이를 결합한 설득 포인트에 대한 각 예시다.

정량적 포인트	정서적 포인트	설득 포인트
"매출 수치는 매년 5% 성장을 보여주고 있습니다. 지금 투자하는 것이 이상적입니다."	"우리가 지금 매우 잘하고 있는 만큼, 이번 기회를 놓친다면 좋은 기회를 잃게 될 것이라고 생각합니다."	"실적이 상승세를 보이고 있습니다. 왜 그런지 보여드릴게요. 전년도 대비 매출을 보시면 5% 정도 성장했습니다. 따라서 지금이 투자를 고려해볼 적절한 시기입니다."
"A, B, C문제가 발생해 변화가 필요합니다."	"소프트웨어 시스템 문제가 매우 많아서 방향을 전환해야 한다고 생각합니다."	"이 소프트웨어 시스템을 고치는데 한 달이 걸렸고, 그 과정에서 많은 시간과 비용을 낭비했습니다. 그런데도 A, B, C문제가 연이어 발생하고 있으니 이제 다른 방법을 고려해야 할 때라고 생각합니다."
"성과 지표를 달성하기 위해 지난 분기에 ○○프로젝트를 수행했습니다."	"저는 지난 분기에 열심히 일했습니다. 이번에 급여 인상을 요청합니다."	"지난 분기에 많은 시간을 투자했습니다. 성과 지표를 달성하기 위해 ○○프로젝트를 완수했고, 이것이 우리 팀에도 큰 도움이 되었기에 급여 인상을 요청합니다."

처음 두 열의 핵심 내용은 비슷하지만, 초점이 이성 또는 감정에 맞춰져 있다. 세 번째 열은 2가지를 결합한 것이다. 이성과 감정을 모두 활용하면 핵심에 더 효과적으로 접근할 수 있다.

설득 포인트의 다른 예시도 알아보자. 회사의 기존 웹 페이지를 다시 디자인하기 위해 마케팅 팀장을 설득해야 하는 상황이다. 시간과 비용이 들지만, 페이지의 전환율을 높이는 데 도움이 되는 작업이다. 이 과정에서 문제점과 이탈률을 지적한 후, 관련 숫자를 제시하면 설득력을 높일 수 있다.

"고객들이 웹페이지를 방문하고 있지만 몇 가지 **문제**가 있습니다. 버튼들이 너무 많아 다른 페이지로 이동하는 과정에서 **혼란**을 주고 있습니다. 그 결과, 아무것도 클릭하지 않고 이탈하는 비율이 **80%**에 달합니다. 빠른 시일 내에 웹페이지를 다시 디자인할 필요가 있습니다."

정서적 포인트와 정량적 포인트를 모두 넣어 메시지를 구성하면 상대의 감정과 이성에 호소할 수 있어 의사결정에 더 큰 영향을 줄 수 있다.

대비의 힘

대비의 힘은 설득 포인트와 마찬가지로 사람들을 설득하기 위한 기술 중 하나다. 설득 포인트가 상대의 감정과 이성에 호소해 행동을 취하도록 하는 것과 달리, 대비의 힘은 상대가 내 아이디어의 영향을 빠르게 이해할 수 있도록 메시지를 구성하는 방법이다.

문제를 제기하고 해결책을 말할 때 현재 상황의 어려움을 강조하지 않으면 사람들은 내 아이디어가 제공하는 이점을 안다고 하더라도 그 효과를 충분히 느끼지 못할 수 있다.

다음 표를 보자. 왼쪽 열은 현재 상황을, 오른쪽 열은 미래의 상태를 나타낸다. 왼쪽 열에는 문제점, 격차 또는 취약점을 적어 사람들이 현재 상황을 파악할 수 있도록 한다. 오른쪽 열에는 문제를 해결했을 때 기대할 수 있는 이점이나 효과를 넣는다. 두 열을 비교하면서 설명하면 문제의 본질과 해결책이 제공하는 가치를 명확히 전달할 수 있다.

고객의 질문:
이 불법 복제 방지 소프트웨어가 우리 회사에 어떤 도움이 되나요?

현재: 문제를 개선하기 전	미래: 문제를 개선한 후
해킹 시 ○백만 달러 손실	○백만 달러 보호
제품이 보장할 수 없는 사항	제품이 보장하는 사항

예를 들어, 잠재 고객에게 사이버 보안 제품의 이점을 설명할 때 문제점과 이점을 따로 강조하지 않고, 현재와 미래를 대비시키는 방식을 사용하면 전체적인 그림을 더 효과적으로 전달할 수 있다.

내 아이디어의 가치를 사람들에게 알리고 싶을 때는 대비의 힘을 사용하자. 아이디어의 유용성뿐만 아니라, 현재와 미래에 가져올 영향에 대해 이야기하면 아이디어에 더 깊이가 생겨 그 효과가 더욱 강력해진다.

설득하려면 이성과 감정을 모두 활용해야 한다. 또한 현재와 미래를 하나의 그림으로 함께 보여주면 효과를 명확하게 전달할 수 있다.

대화를 할 때 설득의 기술들 중 하나만 사용할 수도 있고, 둘 다 사용할 수도 있지만, 중요한 점은 의도적으로 사용해야 한다는 점이다. 이 방법을 적용하면 회의에서 내가 말을 잘했는지 못했는지 걱정하지 않아도 된다. 내용이 체계적으로 구성되었기 때문에 자연스럽게 설득력이 생길 것이다.

불필요한 말과 완곡한 표현

앤 미우라 코Ann Miura-Ko는 '모든 것을 파악하고 있는' 사람이다. 그녀는 초기 스타트업에 투자하는 벤처캐피털 회사 플러드게이트의 공동 창립자로 리프트, 태스크래빗, 리파이너리29와 같은 회사에 투자했다. 〈포브스〉는 그녀를 '스타트업 업계에서 가장 강력한 여성'으로 선정했고, 〈뉴욕타임스〉는 그녀를 전 세계 20대 벤처 투자자 중 한 명으로 꼽았다.

현재 그녀는 모교인 예일대학교 이사회에서 이사로 활동하고 있다. 이처럼 놀라운 업적에도 불구하고 그녀는 과거에 소통 때문에 많은 어려움을 겪었다고 고백했다.

"저의 소통방식 때문에 사람들에게 오해를 받기도 했습니다." 그녀가 학창 시절을 회상하며 말했다.

스탠퍼드대학교에서 박사 과정을 밟는 동안, 그녀는 자신의 말투 때문에 사람들이 자신의 능력을 의심한다는 사실을 알게 되었다.

어느 날, 친구들과 함께 졸업 논문을 작성하고 있을 때였다. 목표는 축구 로봇을 설계하는 것이었지만, 프로젝트를 시작하자마자 로봇이 제대로 작동하지 않는 문제가 발생했다. 문제를 해결하려면 각자 무엇을 맡고 있고 어떤 부분을 책임지고 있는지 명확히 설명해야 했다.

그녀의 차례가 되자 설명을 시작했지만, 중간중간 '음', '아', '어', '말하자면', '있잖아'와 같은 불필요한 삽입어를 자주 사용하여 말이 분명하지 않고 자신감이 없어 보였다. 반면, 팀원들은 설명할 때 군더더기 없는 표현을 사용해 자신감 있고 확신에 차 보였다.

"그들은 제가 무엇을 할 수 있는지 알고 있었고, 저도 그들이 무엇을 할 수 있는지 알고 있었습니다. 그러나 소통의 장벽 때문에 제가 맡은 부분을 믿지 못하는 눈치였어요."

그녀는 이 경험을 통해 선택된 단어의 힘을 깨달았다고 한다.

"보고하는 내용에는 언제나 불확실성이 존재합니다. 사람들도 그것을 알고 있고요. 그렇기 때문에 '음', '아', '어' 같은 단어를 반복해서 불확실성을 더 강조할 필요는 없습니다."

빈도의 차이는 있지만, 누구나 말을 할 때 불필요한 삽입어를 사용한다. 특히 조용한 문화권에서 자란 사람들은 한순간에 주목받거나, 논쟁을 할 때 이런 말을 더 자주 쓴다. 잦은 삽입어 사용은 메시지를 불확실하게 만들고 전달을 방해해 신뢰도를 떨어뜨린다.

이런 말을 피하려면 어떻게 해야 할까? 우선 통제력을 발휘해야 한다. 말하고자 하는 내용을 명확히 알고 있다는 확신을 갖는 것도 필요하다. 천천히 말하는 습관을 들이면 생각을 한 번 더 정리할 수 있고, 단어를 신중하게 선택할 수 있다. 불필요한 삽입어가 튀어나오는 것을 느꼈다면 다음 단계를 따라가며 조절해보자.

1. 잠시 멈추기

2. 숨 고르기

3. 생각하기

4. 확신을 가지고 말하기

삽입어의 사용을 줄이는 것은 간단해 보이지만, 어려운 일이다. 계속 시도하는 것이 관건이다. 하던 말을 잠시 멈추는 것이 첫 번째 단계이다. 말을 잠시 멈추면 숨을 고르고 다시 집중할 수 있다. 이는 사람들에게 자신이 말한 내용을 소화할 시간을 주는 것이기도 하다.

연구에 따르면, 잠시 멈추는 기술이 청중에게 미치는 영향은 상당하다.[35] 자연스러운 연설에서는 문장 내에 약 0.6초, 문장 사이에 0.6~1.2초 정도 멈추는 것이 일반적이다. 또한 의도적인 멈춤은 영어가 모국어가 아닌 사람들에게도 영어를 더 자연스럽게 들리게 만든다고 한다.

일상에서 우리가 말할 때 얼마나 멈추는지 측정할 수는 없지만, 멈추는 것이 중요하다는 걸 아는 것만으로도 도움이 된다. 이를 잘 활용하면 메시지가 더 명확하게 전달되어, 상대가 그 메시지를 쉽게 이해하고 받아들일 수 있다.

새로운 아이디어를 제시하지 않더라도, 때로는 상황이나 감정을 나타내기 위해 추가적인 말이 필요할 때가 있다. 이것을 '완화적 표현hedging words'이라고 하는데, 확신이 없을 때나 논란이 될 수 있는 대화를 조심스럽게 하고 싶을 때 또는 강한 말을 좀 더 부드럽게 하고 싶을 때 유용하다.

완화적 표현은 신뢰가 걸려 있는 상황에서 특히 중요하다. 자신의 생각과 의도를 좀 더 정확하게 전달할 수 있기 때문이다. 확신이 없는 경우 '~같다', '아마도', '~처럼 보인다', '~일지도 모른다', '기본적으로', '제 생각에'와 같은 표현은 상대가 말을 과도하게 해석하거나 불리하게 사용하지 않도록 보호하는 역할을 한다.

"오늘 정말 힘든 하루를 보내고 계신 것 같네요."
"불만사항을 살펴볼 필요가 있을 것 같습니다."
"서로 의견이 일치하지 않는 것처럼 보이네요."
"그렇게 하는 것은 좋은 생각이 아닐 수도 있습니다."

완화적 표현은 상황의 온도를 점검할 때 유용하다. 무엇보다 사람들과의 관계를 지키고, 평판을 보호하는 역할을 한다.

편안하게 그러나 강력하게 발표하는 법

회의에 참석했는데 발표하는 사람이 눈에 띄게 긴장하고 있다. 몸은 마치 판자처럼 굳어 있고 얼굴은 두려움에 얼어붙었으며, 발표 내용은 어색한 미사여구와 침묵으로 가득 차 있다. 발표자가 슬라이드를 읽어 내려가지만 요점이 명확하게 전달되지 않아 무엇을 말하려는 건지 알 수 없다.

대부분의 사람들에게 대중 연설은 즐거운 일이 아니다. '대중 연설이 죽음보다 두렵다'는 속담이 있을 정도다. 조용한 문화권에서 자란 사람들에게는 이 두려움이 더욱 공감된다. 우리는 생각을 나누는 것조차 어려워하며, 주목받는 것에 불편함을 느낀다.

특히 자신의 아이디어가 혹독하게 비판받는 것을 원하지 않고, 이로 인해 신뢰가 무너질 수 있는 상황은 더더욱 피하고 싶다. 만약 하고 싶은 말을 잊어버리고 얼어붙게 된다면 어떻게 해야 할까? 그 모습은 결코 전문가처럼 보이지 않는다.

하지만 사람들 앞에서 프레젠테이션을 하는 것은 몇 번을 해도 약간의 긴장이 따르기 마련이다. 경험 많은 연설가들조차도 긴장감이 완전히 사라지지 않는다고 말한다.

하지만 긴장이 꼭 나쁜 것만은 아니다. 긴장과 성과는 실제로 밀접한 관계가 있다.[36] 좋은 결과를 내기 위해서는 적당한 긴장감이 필요하다. 집중력을 높이고 말과 행동에 더 신경 쓰도록 만들기 때문이다. 그래서 긴장감이 너무 부족하면 오히려 결과가 좋지 않을 수 있다. 스트레스를 나쁜 것으로만 여기지 말고, 이를 인정하고 긍정적으로 활용해 성과를 높이는 데 도움이 될 수 있게 해보자.

나 역시 수백, 수천 명 앞에서 연설하는 사람임에도 불구하고, 무대에 오르기 직전까지 가슴이 두근거린다. 겉으로는 차분해 보일지 몰라도, 몸속에서는 아드레날린과 코르티솔이 솟구치고 있다. 이유는 매번 발표 상황이 다르기 때문이다. 청중, 환경 그리고 주제까지 발표에 관련된 모든 요소들은 늘 변한다.

그 과정에서 알게 된 것은 불확실성에 흔들리기보다는 메시지 자체에 집중하는 것이 훨씬 효과적이라는 점이다. 나 자신에게 쏠린 관심을 거두고, 메시지를 청중에게 어떻게 전달할지에 초점을 맞추면 비로소 본질적인 가치 전달에 몰입할 수 있다.

또한 청중이 내가 실수하거나 말을 더듬는 모습을 보기 위해 온 것이 아니라는 사실을 되새기는 것도 도움이 된다. 그들은 배우기 위해 온 것이다. 내가 발표 자료를 충분히 숙지하고, 그 정보가 사람들에게 도움이 될 거라 믿으며, 이 주제가 왜 중요한지 명확히 전달할 수 있도록 구성한다면 발표는 자연스럽게 긍정적인 결과로 이어질 것이다.

따라서 청중 앞에서 발표하는 두려움을 어떻게 극복할 것인가보다는, 프레젠테이션이라는 경험을 어떻게 더 긍정적이고 건설적으로 바라볼 것인지 고민하는 것이 더 중요하다. 이를 위해서는 3가지 강력한 생각 전환이 필요하다.

첫째, 프레젠테이션을 대화라고 생각하자.

청중에게 말하는 것이 아니라 한 사람 한 사람과 대화를 나누고 있으며, 그저 우리가 알고 있는 정보를 공유하는 것에 불과하다고 스스로에게 말해보자. 예를 들어 "나는 지금 부사장이 아니라 스테파니와 이야기하고 있다"라거나 "나는 지금 잠재 고객이 아니라 댄과 이야기하고 있다"라고 생각하며, 직책과 역할을 떠나 회의실에 앉아 있는 한 사람처럼 청중을 대하면 발표가 더 자연스럽고 편안한 경험이 될 수 있다. 또한 청중이 아닌 개개인을 대하는 방식은 완벽해야 한다는 압박감을 덜어준다.

둘째, 청중은 우리가 무슨 말을 하려는지 모른다는 사실을 유념하자.

청중은 우리가 전달하는 내용만 알뿐, 단어 하나를 놓치거나 하고 싶었던 말을 잊어버려도 그 사실을 알지 못한다. 핵심을 놓치면 최악의 상황이라는 생각이 들겠지만 청중은 자신이 들은 내용만 알 수 있다. 따라서 놓친 부분이 있어도 당황하거나 낙담하거나 앞으로 되돌아갈 필요 없이 계속 진행하면 된다.

셋째, 사람들 앞에서 말하는 것이 시간을 효과적으로 활용하는 방법임을 기억하자.

여러 사람 앞에서 발표하는 것은 짧은 시간에 많은 사람들과 접촉하는 기회로, 커리어 브랜드를 강화하고 자신을 지지하는 가장 효과적인 방법이 될 수 있다. 모든 기회를 잘 활용한다는 것은 사람들이 우리를 보고, 우리의 말을 듣고, 우리가 하는 일을 알게 만드는 것이다. 프레젠테이션은 내가 원하는 방식으로 빠르게 자신을 표현할 수 있어, 전문가로서 신뢰를 쌓고 입지를 다지는 데 매우 효과적인 방법이다.

간단한 발표를 시작으로 많은 사람들 앞에서 발표할 기회가 있다면 적극적으로 활용하는 것이 프레젠테이션 능력을 키울 수 있는 방법이다.

긍정적인 마음가짐을 준비했다면, 그다음 단계는 사람들 앞에서 전문가처럼 발표하는 방법을 배우는 것이다. 준비한 만큼 자신감이 올라가는데, 자신감을 나타내는 좋은 기술 중 하나는 다음 슬라이드로 넘어갈 때 요점을 자연스럽게 연결하는 것이다. 이것은 청중에게 유창한 발표자라는 인상을 심어준다.

전환하는 말로 발표 흐름 만들기

지금부터는 프레젠테이션에서 전문가들이 사용하는 전환하는 말을 활용해 자연스럽게 발표하는 방법을 살펴보자. 전환하는 말을 사용하면 요점을 자연스럽게 연결하고, 발표를 편안하게 만들 수 있다.

전환 문구는 크게 '강조하기, 확장하기, 비교/대조하기, 끝맺기'

4가지로 나눌 수 있다. 일반적으로 전환하는 말은 다음과 같은 상황에서 사용한다.

- 중요한 내용을 강조할 때
- 내용을 확장하고 다양한 예시를 제시할 때
- 2가지 생각을 비교하거나 대조할 때
- 발표 내용을 마무리하고 핵심을 요약할 때

프레젠테이션을 할 때 사용할 수 있는 전환하는 말은 다음과 같다.

강조	확장	비교	대조	마무리
그래서~	게다가~	이와 유사하게~	한편으로는~	결국에는~
가장 중요한 것은~	~에 더해	또한~	하지만~	요약하면~
무엇보다~	~뿐만 아니라	~처럼	이와 반대로~	결론적으로~
그래서 다음은~	사실~	예를 들면~	그러나~	다시 말씀드리면~

많은 사람들이 프레젠테이션을 할 때 전환하는 말을 사용하지 않지만, 전환하는 말을 적절하게 사용하면 내용을 연결하여 청중의 이해도를 높일 수 있다. 다음은 실제로 사용할 수 있는 전환 문

구의 예이다.

"회원 수가 매달 35%씩 증가하고 있습니다. 디지털 광고 전략을 강화한 덕분이라고 생각합니다. **그래서** 광고 예산을 월 1만 달러로 늘릴 것을 제안합니다."[강조]

"정기적인 수익을 창출하는 가장 안정적인 방법은 신뢰할 수 있는 자산을 보유하는 것입니다. **예를 들면** 리츠 펀드 등이 그 좋은 사례입니다." [비교]

"이 ADHD약은 일반적인 12시간 지속 효과를 넘어 최대 16시간 동안 약효가 유지됩니다. **결론적으로** 하루 종일 효과가 지속되는 약을 찾는 분들께 추천드립니다." [마무리]

이번에는 실전에서 어떻게 활용할지 생각해보자. 전환하는 말은 언제 사용하면 좋을까? 가장 적절할 때는 슬라이드를 전환할 때이다. 발표 중에는 슬라이드를 읽고 다음 슬라이드를 클릭할 때가 많기 때문이다. 클릭은 보통 조용히 이루어져 전환되는 사이에 1~2초의 침묵이 생기곤 한다.

슬라이드로 이동 → 해당 슬라이드에 대해 말하기 → 다음 슬라이드로 전환**(일시 정지/침묵)** → 다시 설명 이어가기

일시 정지/침묵은 전략적으로 하는 게 아닌 이상 말하기의 흐름을 끊는다. 따라서 슬라이드 사이의 핵심 내용들이 연결된다는 느낌을 주기 위해서는 침묵 대신 전환하는 말을 사용해 현재 슬라이드와 다음 슬라이드를 부드럽게 이어가는 것이 좋다. 다음은 그 예시들이다.

슬라이드 A	**전환하는 말** "그래서 페이지를 보시면~" "다음 페이지에서도 볼 수 있는데요~" "그래서 결론적으로는~"	슬라이드 B

이 기법을 사용하면 발표에 자연스러운 흐름을 만들어낼 수 있다. 발표자가 내용을 숙지하고 있다는 인상을 주기도 한다.

강렬한 시작과 완벽한 마무리

프레젠테이션을 준비할 때 시작과 끝을 어떻게 준비하는가? 시작은 가장 강한 인상을 남기는 순간이다. 청중은 발표에 관심을 가지고 온전히 집중하고 있기 때문에, 시작 부분에 특히 신경을

쓰면 청중의 주의를 끌고 기대에 부응할 수 있다. 설득력 있는 이야기나 놀라운 통계, 또는 그동안 받은 찬사 등을 활용하여 발표를 시작하면 분위기를 한층 고조시킬 수 있다.

예를 들어 "오늘 제 강연이 끝난 후, 여기 계신 모든 분들이 ~을 알고 돌아가실 수 있기를 바랍니다"라고 말하면서 청중이 발표에서 무엇을 기대할 수 있을지 미리 알려주는 것도 좋은 방법이다. 하지만 가장 중요한 점은 프레젠테이션의 메시지를 청중의 특성과 니즈에 맞게 작성하는 것이다.

프레젠테이션의 마무리는 미진했던 부분을 보완해 청중에게 만족스러운 인상을 남길 수 있는 기회이다. 마무리에서는 행동을 촉구하거나 핵심 내용을 복습하거나, 감동적인 이야기를 전할 수 있다. 또한 처음에 말했던 내용을 다시 한 번 강조해 한 바퀴 돌아온 듯한 경험을 선사할 수도 있다.

이러한 기법들은 직장에서 존재감을 높이고, 발표자의 전문성을 돋보이게 한다.

소통은 기술이면서 예술이다. 게다가 타고나는 것이 아닌 100% 학습할 수 있는 능력이다. 내가 이렇게 확신하는 이유는 나도 어렸을 때 수줍음이 많고 소심해서 사람들 앞에서 말을 잘하는 것이 쉽지 않았기 때문이다.

조용한 문화에서 자란 많은 사람들과 마찬가지로, 나 역시 내

성과가 자연스럽게 나를 대변해주기를 바랐다. 그러나 어느 순간 직접 나서야만 나의 성과를 알릴 수 있다는 사실을 깨달았다.

회의 중에 끼어들기, 불필요한 말 줄이기, 사람들 설득하기, 편안하게 발표하기 등 이 장에서 다룬 모든 내용은 직장에서 효과적으로 소통하는 데 필요한 기본적인 기술들이다. 수년간 배운 것들을 누구나 쉽게 배우고 연습할 수 있도록 간단한 전략과 단계별로 정리했다. 그러나 이보다 더 중요한 건, 확신을 가지고 말을 할 때 비로소 영향력이 생긴다는 점이다.

화상 회의에서 고객의 마음을 사로잡는 기술

2021년 봄, 전 세계에서 코로나19 팬데믹이 시작된 지 1년이 조금 넘었을 때였다. 사무실은 문을 닫고 대부분의 기업들이 재택근무와 화상 회의 형태로 업무를 이어가고 있었다.

당시 운 좋게도 내가 만든 링크드인 학습 과정 중 하나인 '화상 회의에서 리더십 발휘하기'가 조회수 100만 회를 돌파하자, 기업에서 온라인 소통 기술에 대한 강연 요청이 쇄도하기 시작했다.

당시 캐나다에 본사를 둔 한 대형 제약회사로부터 메시지가 왔다. 영업 담당자들에게 온라인으로 프레젠테이션과 판매를 효과적으로 할 수 있는 방법을 가르쳐달라는 내용이었다. 프로젝트 팀장인 낸시 번스는 "영업 담당자들은 의사들을 직접 만나 관계를 형성하고 유지하는 것은 쉽다고 생각하지만, 화상 회의로는 어렵다고 느낍니다. 영업 담당자들은 화상 회의에서도 편하게 소통할 수 있어야 합니다"라고 말했다.

낸시는 경쟁이 치열한 영업 세계에서 친밀감과 유대감을 형성하는 것이 중요한데, 온라인에서는 그것이 어렵다고 말했다.

"화상 회의에서는 사람들의 집중 시간이 짧고, 프레젠테이션을 할 때도 상대방이 관심을 갖고 있는지, 듣고 있는지 알 수 없어 더 힘듭니다."

그 후 몇 달 동안 나는 영업 부서를 위한 맞춤형 교육 프로그램을 만들었다. 목표는 2가지였다. 화상으로 진행하는 프레젠테이션 능력을 향상시키는 것과 자신감을 가지고 고객의 문제를 예측하고 해결할 수 있도록 돕는 것이었다.

온라인으로 프레젠테이션을 하는 경우, 2배로 길게 느껴질 수 있는 어색한 침묵을 줄이는 방법을 집중적으로 가르쳤다. 화면을 공유한 상태에서 폴더를 여는 동안에도 사람들이 집중력을 유지하게 만드는 기술이 필요했다.

이때는 "이제 화면을 공유하겠습니다" 또는 "이 폴더가 여러분에게 잘 보이도록 이렇게 끌어올리겠습니다"와 같은 말을 통해 발표자가 무엇을 하고 있는지 설명해주는 것이 좋다. 이렇게 말함으로써 발표자가 무엇을 하는지 명확하게 알려 상대방이 궁금해하지 않게 할 수 있다. 또한 대화의 흐름이 끊기지 않도록 개방형 질문으로 어색한 순간을 채우는 방법에 대해서도 설명했다.

온라인으로 고객의 문제를 예상하고 해결을 시도할 때는 '차선 바꾸기switching lanes'라는 기술을 알려주었다. 이는 방송이나 인터뷰를 자주 하는 사람들이 어려운 질문을 받아도 당황하지 않고 효과적으로 대처할 수 있도록 돕는 말하기 기법이다.

차선 바꾸기는 크게 2단계를 기억하면 된다. 상대의 불안과 걱정에 대한 우려를 인정한 후, 전환 문구를 사용해 대화를 다른 방향으로 전환하는 것이다.

나는 영업 담당자들에게 고객이 한 말 중에 "잘 모르겠습니다" 또는 "분명하지 않은데요"와 같이 우려를 나타내는 핵심 단어를 찾으라고 교육했다. 그런 단어들을 들은 담당자들은 "잘 알겠습니다", "무슨 말씀이신지 이해했습니다"와 같은 말로 고객의 의견을 인정했다.

여기서 관건은 우려를 나타내는 단어를 반복하지 않고, "사실은 ~" 또는 "그래서 우리는~"과 같이 전환하는 말을 사용해 대화의 방향을 바꾸는 것이다. 담당자들은 이 기법을 통해 자신의 전문 지식을 보다 자신감 있게 전달하고 대화를 효과적으로 이끌어 갈 수 있게 되었다.

고객: 불안 표시	담당자: 인정하기	담당자: 차선 전환하기
어떻게 해야 할지 모르겠네요.	무슨 말씀이신지 잘 압니다.	사실~
분명하지 않은데요.	무슨 말씀이신지 이해합니다.	그래서~
~한 부분이 우려가 됩니다.	좋은 질문입니다.	사실상~

차선 전환 기법

Tip

화상 회의를 할 때는 조명을 적절하게 배치해 최상의 환경에서 진행되도록 추가적인 조치를 취하라. 적절한 곳에 배치된 조명은 상대방이 나를 더 잘 보이게 만들어주기 때문에 중요한 기능이다.

가장 좋은 위치는 창문을 마주 보고 앉는 자리이다. 창문을 마주 보면 얼굴에 은은한 빛을 더할 수 있다. 창문을 등지고 앉는 자리는 어두운 그림자가 만들어질 수 있으므로 피해야 한다. 앉는 위치를 조정할 수 없다면 작은 램프나 휴대용 독서등을 사용해 변화를 줄 수 있다.

- 탁월한 소통은 조용한 자본 전략의 핵심으로, 명확하게 자신을 드러내고 효과적으로 의견을 전달할 수 있게 돕는다.

- 회의에서 4A단계(적극적 경청, 인정하기, 핵심 잡기, 대답하기)를 활용하면 대화에 자연스럽게 참여하고, 상대가 주목하게 만들 수 있다.

- 말이 길어지기 시작하면 '내가 말하고자 하는 핵심이 무엇인가?'라고 자문해보자. 이렇게 하면 다시 내용에 집중할 수 있다.

- 정서적 포인트와 정량적 포인트를 활용하면 상대의 논리와 감성을 동시에 자극하여 설득력을 높일 수 있다.

- 대비의 힘은 문제와 해결책을 함께 제시하여 당신의 아이디어가 어떻게 도움이 되는지 전체적인 맥락을 이해할 수 있게 한다.

- 말을 할 때 '음', '어'와 같은 불필요한 소리를 줄이고 싶다면, 잠시 멈추고 숨을 고른 후 확신을 가지고 말하라.

- 완화적 표현을 사용하면 메시지의 강도를 줄이고 부드럽게 전달할 수 있다.

- 프레젠테이션은 대화의 일환이며, 영향력과 인지도를 높이는

좋은 방법이다. 청중은 우리가 놓친 부분은 알 수 없고, 말하는 내용만 알게 된다.

- 프레젠테이션 중에 전환하는 말을 사용하면 내용이 자연스럽게 연결되고 설득력이 높아지며, 전문적이고 자신감 있는 모습을 보여줄 수 있다.
- 소통은 기술이면서 예술이다. 또한 타고나는 것이 아닌 100% 학습할 수 있는 능력이다.

8장

존재감 있는
목소리의 과학

교실 안은 핀 하나 떨어지는 소리가 들릴 정도로 조용했다. 화이트보드 옆에는 5학년 역사 과목을 가르치는 리우 선생님이 서 계셨다.

"에이브러햄 링컨Abraham Lincoln 대통령 당시 부통령은 누구였을까요?" 선생님은 반 아이들에게 다시 한번 물으셨다.

미국 역사 시간마다 선생님은 누구도 쉽게 답하기 어려운 질문을 던지곤 했다. 나는 정답을 어렴풋이 알고 있었지만, 도저히 손을 들 용기가 나지 않았다. 주목받고 싶지 않아서 책상 위에 놓인 종이를 물끄러미 내려다보았다.

그러나 선생님이 대답할 사람을 찾으려고 교실을 두리번거리는 모습이 눈에 들어왔다. 나는 조용히 눈길을 피하며 간절히 바랐다.

'제발, 내 이름은 부르지 말아주세요.'

그때 선생님의 목소리가 들려왔다. "제시카."

심장이 덜컥 내려앉는 것 같았다. 나는 얼어붙은 채 고개를 들었다.

"누구인지 알고 있니?"

깜짝 놀란 나는 눈을 크게 뜨고 고개를 들었다.

"음, 확실하진 않지만 아마도……."

"더 크게 말해보렴." 선생님이 재촉했다.

"음, 앤드류 존슨Andrew Johnson?" 나는 목소리를 조금 더 높였다.

"너무 작아서 잘 안 들리는구나. 더 크게 말해보렴!"

얼굴이 화끈거리는 걸 느끼며 힘겹게 다시 외쳤다.

"앤드류 존슨입니다."

"맞아." 선생님이 고개를 끄덕이며 미소 지었다.

어릴 적부터 내 '작은 목소리'는 사람들 입에 자주 오르내리곤 했다. 선생님도, 이모도, 삼촌도 한결같이 내 목소리가 너무 작아서 잘 들리지 않는다고 지적했다.

하지만 나는 왜 내 목소리가 작았는지 잘 알고 있었다. 그것은 나를 바라보는 사람들의 시선 때문이었다. 사람들의 눈길이 내게 쏠릴 때마다, 나는 본능적으로 움츠러들며 그 시선을 다른 곳으로 돌리고 싶었다.

조용한 문화권에서 자란 모든 사람의 목소리가 선천적으로 작은 것은 아니다. 우리 중에는 말을 잘하는 사람도 많다. 하지만 주목받는 상황에 놓이면 불편함을 느끼는 것은 비슷하다. 시선이 집중될 때면 말투가 미묘하게 달라진다. 발언권을 빨리 넘기려는 듯 빠르게 말하거나, 목소리를 낮추거나, 말끝을 흐리는 식이다.

나 역시 주목받는 것을 좋아하지 않았다. 그리고 어조를 조절한다는 것에 대해 깊이 생각해본 적도 없었다. 그냥 시험지에 정답을 적고 내 할 일을 잘 해내면 그만이라고 여겼다.

10년 뒤, 나는 정반대의 환경인 시끄러운 뉴스룸에서 인턴으로 일하게 되었다. 동료들이 방송에서 말하는 모습을 지켜보면서, 내가 알고 있던 어조에 관한 모든 상식이 뒤집히기 시작했다.

사무실은 예상했던 대로 시끄러웠다. 시끄러운 TV소리, 방 곳곳에서 들려오는 사람들의 고함, 끊임없이 울리는 키보드 타자소리, 그리고 방송국으로 걸려오는 전화벨소리가 쉴 없이 뒤섞여 있었다.

그러나 뉴스 방송이 시작되는 정각이 되자, 방 안의 모든 소음이 순식간에 사라졌다. 소란스러운 소리 대신 앵커와 리포터의 깊고 위엄 있는 목소리가 공간을 채웠다. 인턴이었던 나는 이 극적인 변화에 매료되었고, 그들의 풍부하고 다채로운 어조에 깊이 빠져들었다. 그들은 단순히 정보를 전달하는 것을 넘어, 시청자들의 진심 어린 공감을 이끌어내기 위해 노력했다.

몇 달 동안 나는 그들의 목소리가 그토록 듣기 편한 이유가 무엇인지 알아내려고 노력했다. 어떻게 하면 메시지가 저토록 명료하게 들릴 수 있을까? 어떻게 모든 단어가 완벽한 높낮이와 어조의 변화로 자연스럽게 이어질 수 있을까? 방송국에서 인턴 생활을 한 지 몇 달이 지나자 답이 점차 선명해지기 시작했다.

모든 사람의 목소리에는 의도가 담겨 있었다. 단어 하나하나에 목적이 있었고, 높낮이, 강약 조절, 일시 정지에도 의도가 있었다. 조용한 문화권에서 자란 나에게 이 기술들은 인상적이었다. 나는 목소리에 음악적 요소가 있다는 사실을 전혀 몰랐지만, TV에 나오는 사람들이 그런 요소를 자유자재로 사용하는 방식에 매료되었다. 어조를 조절하는 것만으로도 방 안의 분위기가 완전히 달라지는 것 같았다. 얼마나 큰소리로 말하느냐가 아니라, 목소리를 어떻게 사용하는지가 중요하다는 걸 깨달았다.

이전 장에서는 특정 단어가 어떻게 말하기의 효과를 극대화하는지 설명했다. 이번 장에서는 효과적인 말하기의 두 번째 요소인 목소리에 대해 다룬다. 영향력 있는 소통전문가 중 일부는 강렬하고 역동적인 말투를 사용한다. 그들의 어조는 메시지를 이해하기 쉽고 명확하며, 위엄이 배어 있어 한 번만 들어도 누구인지 알 수 있다. 영향력 있는 연사는 말을 많이 하지 않아도, 그들의 한마디에 사람들이 귀를 기울이게 만든다.

듣는 사람을 매료시키는 목소리 사용법

음악을 들을 때 음정이나 음역대가 마음에 들지 않으면 노래를 건너뛰는 경우가 있다. 마찬가지로 우리는 사람들이 장시간 단조로운 목소리로 말하면 그 말은 귀담아 듣지 않게 된다. 인간은 의식적이든 무의식적이든 마음에 들지 않는 소리에 귀를 기울이지 않는다.

직장에서 우리가 말을 할 때 목적은 사람들이 듣고 집중하게 만드는 것이다. 이는 발표를 하거나, 업무를 설명하거나, 원하는 것을 요청할 때도 마찬가지다. 사람들이 우리의 말에 좀 더 귀 기울이게 하려면 어떻게 해야 할까? 언어병리학자이자 소통전문가인 웬디 르보른Wendy LeBorgne 박사에 따르면 목소리에는 5가지 중요한 요소가 있다.[37]

1. **높낮이**: 목소리의 음높이를 말하며, 높거나 낮을 수 있다. 일반적으로 남성은 음높이가 낮고, 여성은 음높이가 높다.

2. **속도**: 말의 빠르기를 말하며, 긴장하면 말이 빨라지는 경향이 있다. 반대로 너무 느리면 열의가 없어 보일 수 있다.

3. 강도: 목소리의 센 정도를 말하며, 목소리가 크면 공격적이거나 고함을 지르는 것처럼 보일 수 있다. 반면 목소리가 지나치게 부드러우면 수줍음이 많거나 에너지가 부족하다는 인상을 줄 수 있다.

4. 억양: 음의 상대적인 높이의 변화로 일정하게 내려가는 억양은 단조롭게 들릴 수 있고, 계속 올라가는 억양은 확신이 없는 느낌을 줄 수 있다.

5. 음색: 거친 목소리, 쉰 목소리, 비음 등은 각자가 가진 고유한 음색으로, 사람마다 모두 다르다. 그래서 전화를 받을 때 목소리만으로도 누구인지 알아차릴 수 있다.

5가지 요소 중 음색은 연습으로 바꿀 수 없는 유일한 요소다. 잘 알려진 배우들은 바로 그들의 독특한 음색 덕분에 쉽게 기억된다. 예를 들어 모건 프리먼Morgan Freeman의 목소리는 깊은 음색 덕분에 특별한 존재가 되었다. 메릴 스트립Meryl Streep의 목소리는 억양이 부드러워서 울림이 있다. 아콰피나Awkwafina의 목소리는 낮고 거친 것이 특징이다. 이 세 사람 모두 목소리가 독특하고 개성 있다. 르보른 박사는 이러한 개성이 우리를 차별화할 수 있는 요소라고 말한다. 일터에서 주목받기 위해 목소리를 활용하려면 변화를 줄 수 있는 4가지 요소인 '높낮이, 속도, 강도, 억양'에 집중해야 한다.

자신만의 음역대 찾기

마지막으로 좋은 오디오북을 들었던 때를 떠올려보라. 완전히 몰입하고 집중했는가? 내레이터의 목소리가 얼마나 당신을 매료시켰는가? 이야기에 빠져서 그런 생각조차 하지 못했을지도 모른다. 그것은 좋은 일이다. 듣는 사람의 입장에서 목소리의 특성이 콘텐츠를 방해할 수 있기 때문이다.

내레이터는 마이크 앞에서 말을 할 때 신중하고 의도적으로 접근한다. 장면에 대한 기대감을 높이기 위해 긴장감을 조성할 때는 음높이를 조금 높이고, 열정과 감정을 전달하고 싶을 때는 목소리를 부드럽게 높였다가 낮추어 깊이와 분위기를 만든다. 어떤 장면이든 목소리의 높낮이를 조절하며 청취자들을 이끈다.

일반적으로 남성의 음높이가 낮고 여성의 음높이가 높다는 것은 잘 알려져 있는데, 전문적으로 들어가면 누구에게나 자신만의 음역대가 있다. 효과적인 소통을 위해서는 내레이터처럼 자신의 음역대를 목적에 맞게 사용하는 것이 중요하다. 열정을 표현할 때는 높은 음높이로 말하고, 권위와 진지함을 전달하고 싶을 때는 낮은 음높이로 말하는 것이 좋다.

음높이와 관련해 주목해야 할 또 다른 사항은 공명(울림)이다. 음높이에 공명이 더해지면 깊이가 생기는데, 누구나 들으면 그 깊이를 쉽게 알아차릴 수 있다. 공명은 남성과 여성 모두가 구사할 수 있는 풍부한 소리다.

공명을 찾으려면 긴장을 풀고 편안한 상태를 유지해야 한다. 긴장이 공명을 방해할 수 있기 때문이다. 허밍으로 시작해보자. 허밍을 할 때 나는 소리가 기본 음정이다. 거기에서 더 높게 혹은 더 낮게 허밍을 해보며, 멜로디처럼 들리는 음역대에 익숙해져야 한다. 긴장이 풀릴 때까지 허밍을 반복하자. (샤워할 때 콧노래를 흥얼거리는 것처럼 약간의 어색함을 극복해야 진지하게 허밍을 할 수 있다.)

그 음역대로 허밍을 할 때 목 뒤에서 진동이 느껴지는가? 배꼽에서 소리가 나는 듯한 느낌도 받았는가? 그렇지 않다면 다시 시도해보자. 목구멍에서 느껴지는 그 진동, 내면의 깊은 곳에서 나오는 그 소리가 바로 당신이 말할 때 낼 수 있는 소리의 깊이다. 울리는 소리는 횡경막에서 나온다.

깊은 곳에서 소리를 끌어내 말하다 보면 숨이 차는 것을 느낄 수 있다. 이를 극복하려면 의도적으로 호흡에 집중해야 한다. 유명한 소통전문가들은 마치 달리기 선수가 자신의 페이스에 맞게 호흡을 조절하는 것처럼 호흡과 말하기를 자연스럽게 조절하는 방법을 알고 있다.

"자세와 호흡이 가장 중요합니다. 목소리를 배 깊은 곳, 즉 횡격막에서 끌어내야 한다고 생각하면서 말해보세요. 더 나아지기 위한 유일한 방법은 꾸준히 소리 내어 연습하는 것입니다." 기자 일을 시작한 초기에 한 베테랑 기자가 내게 조언해 주었다.

다음은 횡격막에서 끌어올린 소리를 호흡과 맞추는 방법이다.

1. 심호흡을 두세 번 하여 몸을 이완한다. 숨을 들이마실 때 가슴과 폐가 확장되어 더 많은 공기가 들어오는데 그 느낌을 그대로 느껴보자.

2. 몸이 이완되면 자세를 바로잡는다. 척추를 곧게 펴고 턱을 들어 올리고, 어깨를 뒤로 젖혀라. 바른 자세는 목소리를 멀리 전달하는 데 도움이 된다.

3. 이제 다시 숨을 들이쉬고 내쉬면서 아랫배에서부터 소리를 끌어올려 말해보자. 자신의 허밍 음역대를 기억하는가? 말이 목구멍이 아니라 배에서 나오는 것처럼 느껴져야 한다. 방 건너편에 있는 사람이 내 말을 들을 수 있도록 목소리를 멀리 보내는 상상을 해보자.

필요하다면 이 책을 들고 특정 장을 소리 내어 읽어 보자. 처음에는 어색하겠지만 계속하면 익숙해질 것이다. 큰소리로 읽는 것은 음높이를 조절하고, 자신에게 자연스러운 음역대를 찾는 가장 좋은 방법이다.

에릭 천은 미국 최초의 아시아풍 보바 카드게임을 만드는 회사 사보바타주의 창립자이자, 앞서 소개한 내 동생이기도 하다. 그는 급여 소프트웨어 회사인 ADP에서 영업 사원으로 일하면서 호흡을 조절하며 말하는 법을 처음 접했다. 대학을 갓 졸업한 그는 고객에게 확신을 주고 설득하려면 존재감이 있어야 한다는 것을 깨달았다.

"멘토가 내게 처음 해준 조언 중 하나는 말하기 능력을 향상시켜야 한다는 것이었어." 그가 회상했다.

조용한 문화에서 자란 그는 목소리에 대해서 생각해본 적이 없었다. 많은 사람들이 그렇듯, 사람들에게 들리는 정도로만 말하면 된다고 생각했다. 그러나 낯선 사람들과 대화하고 물건을 팔게 되면서 신뢰와 권위가 중요하다는 사실을 배웠다. 이제 그는 목소리에 신경 쓰고, 엘리베이터 피치를 능숙하게 하며, 의도적으로 단어를 선택해서 말한다.

"나는 부족한 점을 고쳐서 더 많은 거래를 성사시키고 싶었어.

당시 내 멘토는 말하기 실력을 키우려면 목소리의 톤과 속도, 단어까지 세심하게 선택하면서 꾸준히 연습해야 한다고 알려줬어."

에릭은 돈을 크게 들이지 않고 쉽게 연습하는 방법을 고민했다. 그는 핸드폰으로 자신의 말을 녹음한 뒤, 직접 들으면서 개선할 부분을 찾았다.

"나는 적어도 일주일에 1시간은 연습했고, 고객과의 통화를 녹음해서 내가 어떻게 말하는지 듣기도 했어. 그래서 긴장할 때 목소리 톤이 더 높아지고 속도도 빨라진다는 것을 알게 됐어. 녹음해서 들어보지 않았다면 알아차리지 못했을 거야." 에릭이 말했다.

에릭의 말이 맞다. 높낮이는 속도와 관련이 깊은데, 속도가 바로 목소리의 두 번째 요소이다.

빠르거나 느리게, 하지만 의도적으로

샌디에이고의 어느 밝고 화창한 아침, 나는 방송 컨설턴트를 만나기 위해 출근 준비를 하고 있었다. TV방송국에서는 몇 년에 한 번씩 컨설턴트를 고용해 방송인의 모습을 평가하고 개선할 점을 알려준다. 컨설턴트는 우리의 옷차림, 헤어스타일, 메이크업 외에도 말하는 방식 등 프레젠테이션의 여러 요소를 꼼꼼히 체크하고 비판한다. 이 과정은 잔인할 만큼 솔직해서 겸손함을 배우게 된다. 하지만 공적인 자리에서 사용하는 소통 기술을 더 발전시키려면 이러한 외부의 피드백은 필수적이다.

넓은 회의실에서 컨설턴트와 마주 앉았다. 그녀는 노트북을 꺼내 화면을 켜고 내 영상을 열었다.

"지난주에 방송된 뉴스를 살펴볼게요." 그녀가 말했다.

영상이 재생되는 동안 말하는 내 모습을 함께 지켜보았고, '나쁘지 않다'고 생각했다. 내 말에는 흐름이 있었고 명확했으며, 손짓과 몸짓 등 의도적인 신체 언어를 통해 내 생각을 강조했다. 그러다가 컨설턴트가 영상을 멈췄다.

"손을 사용해 말의 의미를 강조하는 건 좋습니다. 하지만 속도를 더 줄여야 해요."

그녀의 피드백에 당황한 나는 이렇게 대답했다.

"이미 천천히 말하고 있다고 생각했는데요."

"훨씬 더 천천히 말해야 합니다. 본인이 느끼는 것보다 훨씬 느리게요. 그래야 말에 무게감이 생기고 중후한 인상을 줄 수 있거든요."

조용한 문화에서 자라면서 목소리 톤에 대해 생각해본 적이 없었던 나에게 '중후함'은 낯설고 생소한 개념이었다. 중후함이 말의 무게와 깊이를 더해주고, 진지함과 품위 그리고 메시지의 중요성을 전달한다는 것은 알고 있었지만, 실제로 그것을 표현하려는 노력은 해본 적이 없었다.

조용한 문화에서는 중후함이 신뢰처럼 나이와 경력에서 자연스럽게 따라오는 것이라 여겨진다. 그러나 시끄러운 문화에서는 나이나 직책이 중후함을 갖추는 데 큰 역할을 하지 않는다. 대신 누구나 말을 통해 권위와 침착함을 보여줄 수 있다. 그 방법은 간단하다. 천천히 말하는 것이다.

빠르게 말하면 급하고 가볍다는 인상을 주기 때문에 중후한 인상을 줄 수 없다. 반대로 속도를 줄이면 침착하고 차분하다는 느낌을 전달할 수 있다. 중요한 것은 내가 말을 너무 빨리 하고 있다는 사실을 알아차리고, 속도를 조절해야 한다는 걸 기억하는 것이다.

물론, 행동으로 옮기는 것은 생각만큼 쉽지 않다. 간단한 방법은 컴퓨터 근처에 '천천히'라고 적은 포스트잇을 붙여 두는 것이다. 비록 모양은 별로지만, 회의를 시작하기 전에 말의 속도를 조절해야 한다는 사실을 떠올리게 하는 데는 효과적이다. 그렇다고 해서 중후한 인상을 주기 위해 항상 천천히 말해야만 하는 것은 아니다. 오히려 속도를 높여야 무게감이 더해질 때도 있다. 빠르게 말하는 방식에도 장점이 있다! 중요한 것은 의도다.

말하는 속도를 조절하면 상대의 관심을 끌고 흥미를 유지시킬 수 있다. 언제 말의 속도를 높이고 줄여야 하는지는 어떻게 알 수 있을까? 설명하거나 예시를 들 때는 약간 빠르게 말하고, 결론이나 핵심을 전달할 때는 속도를 늦추면 된다.

속도를 늦추는 이유는 사람들이 우리가 말한 내용을 충분히 이해하고 처리할 수 있는 시간을 주기 위해서다. 핵심은 항상 천천히 전달되어야 한다는 점을 기억하자.

다음 문장을 크게 말해보자. 굵은 부분은 속도를 늦추고, 나머지는 평소처럼 읽으면 된다.

"회원 수가 매달 **35%씩 증가하고 있습니다**. 디지털 광고 전략을 새롭게 강화한 덕분이라고 생각합니다. 그래서 광고 예산을 **월 1만 달러로 늘릴 것을 제안합니다**."

"정기적인 수익을 창출하는 **가장 안정적인 방법**은 신뢰할 수 있는 **자산을 보유하는** 것입니다. 예를 들면 **리츠 펀드** 등이 그 좋은 사례입니다."

"이 ADHD약은 일반적인 12시간 지속 효과를 넘어 최대 16시간 동안 약효가 유지됩니다. 결론적으로 **하루 종일 효과가 지속되는 약**을 찾는 분들께 추천드립니다."

말하는 속도를 조절하는 연습을 꾸준히 하면 언제 속도를 늦추고, 언제 높여야 할지 알 수 있게 된다.

말하는 속도가 영향력의 차이를 만든다

내 고객인 제임스 아코스타는 다음 투자를 준비하는 중이었다. 그는 수억 달러 규모의 회사를 성공적으로 운영하고 있었지만, 프레젠테이션 기술을 한 단계 더 발전시키고 싶어 했다.

목요일 아침, 제임스는 나와 화상 회의를 간단히 마친 후, 프레젠테이션을 시작했다. 그는 회사의 세부사항을 설명하며 실적 관련 숫자를 빠르게 나열했다. 그 속도는 너무 빨라 설명을 따라가기 힘들었고, 그의 메시지는 소화하기 어려운 상태였다. 전달이 제대로 되지 않아 그가 전하려는 내용이 전혀 와닿지 않았다.

"잠시만 멈춰볼까요?" 내가 끼어들었다.

몇 주 동안 제임스와 상담해온 나는 그의 회사가 가진 경쟁 우위가 가장 큰 강점이라는 것을 알고 있었다.

"요점을 먼저 말하세요. 머릿속에 떠오른 숫자를 한번에 다 쏟아내지 말고, 핵심부터 이야기하세요."

나는 그에게 이야기의 흐름이 중요하다는 점을 상기시켰다. 숫자와 통계를 바로 제시하기보다는 먼저 청중의 관심을 끌어야 한다고 설명했다. 그리고 내가 선호하는 프레젠테이션 방식도 그에게 공유했다.

1. 흥분, 설렘, 기대와 같은 단어를 사용하여 회의에 참석하기 위해 시간을 내어 주신 모든 분들께 감사하는 말을 전하는 것으로 시작한다.
2. 주제를 간략하게 소개한다.
3. 발표를 통해 참석자들이 얻을 수 있는 핵심 포인트를 2~3가지 공유한다.
4. 모두가 배우거나 느꼈으면 하는 바람을 한 문장으로 말한다.
   예: "이 프레젠테이션이 끝나면 '~에 대해 확실하게 알게 되거나/ 기본적인 틀을 이해하거나/ 좋은 아이디어를 떠올리게 될 것'입니다."
5. 자신을 소개하고, 이 주제에 있어 왜 자신이 신뢰할 수 있는 전문가인지 설명한다.

제임스는 이 흐름에 맞춰 내용을 정리하고, 말할 때 속도를 조절해야 한다는 점을 다시 한 번 되새겼다. 두 번째 시도 후, 나는 그에게 발표하는 과정이 어땠는지 물었다.

"명확한 흐름이 있어서 말하기가 더 자연스럽게 느껴졌어요. 내가 말하고 싶은 것은 무엇이고, 그것을 어떻게 전달할지 생각할 여유도 있었고요." 제임스가 말했다.

그는 말하는 속도를 조절하는 것이 마치 게임처럼 느껴진다고 했다. 베스트 드라이버가 커브길과 직선길을 구분해 다르게 운전하는 것처럼 말할 때 속도를 적절하게 조절해야 하는 순간을 알게 되었다. 이제 그는 상황을 예측하며 조심스럽게 말하거나 쏟아내는 것이 아니라, 자신감 있게 말을 이어갈 수 있게 되었다.

Tip

같은 대본이라도 사람마다 읽는 방식이 달라 전혀 다른 느낌을 줄 수 있다. 각자 강조하는 단어나 구절이 다르기 때문이다. 어조는 하나의 스타일이 될 수 있다. 자신의 목소리를 찾고 연습하는데 시간을 투자하자.

자신의 목소리를 녹음해 들어보는 것은 고쳐야 할 부분을 파악할 수 있는 가장 효과적인 방법이다. 영향력 있는 연사들은 콘텐츠 자체보다 그 콘텐츠를 어떻게 전달하는지가 더 중요하다는 사실을 잘 알고 있다.

이제는 말의 강도에 대해 알아보자.

말의 강도와 속도로 전달력을 극대화하라

수년 동안 나는 목소리의 특성을 강도, 즉 얼마나 세게 또는 약하게 말하는지에만 집중했다. 배우자에게 "그렇게 말하지 마!"라고 할 때도, 우리가 주로 문제 삼는 것은 바로 목소리의 강도다. 하지만 강도는 목소리의 일부분에 지나지 않는다.

강도는 그 순간의 감정에 따라 좌우된다. 예를 들어 흥분하거나 화가 나면 더 크고 강하게 말한다. 반대로 불안하거나 불편할 때는 작게 말하게 된다. 아무런 감정이 없을 때는 무덤덤한 중립적인 톤을 유지한다.

강도를 단순히 감정에 맡기지 않고 의도적으로 조절하면 더 효과적으로 말할 수 있다. 예를 들어 팀원들에게 메시지의 심각성과 긴급함을 전달하고 싶다면 목소리를 낮추고 부드럽게 말해야 한다. 반대로 팀장이 당신의 아이디어를 듣고 흥미를 느끼길 원한다면 목소리를 더 크게 해서 열정을 전달해야 한다.

이렇게 강도를 조절하면 사람들의 관심을 끌고 메시지의 전달력을 높일 수 있으며, 나아가 그들이 메시지를 받아들이는 태도에도 영향을 미칠 수 있다.

목소리의 강도를 조절하는 방법은 말의 속도를 조절하는 방법과 비슷하다. 2가지를 함께 잘 활용하면 더 효과적으로 말할 수 있다. 훌륭한 연사들은 강도와 속도를 적절히 섞어 사람들의 관심을 끌고 설득력을 높인다. 다음 표는 이 2가지를 어떻게 조합할 수 있는지 보여준다.

의도	강도와 속도
즐거운 메시지	센 강도, 빠른 속도
심각한 메시지	중간 강도, 느린 속도
슬픈 메시지	약한 강도, 느린 속도
사실적인 메시지	중간 강도, 중간 속도
강력한 메시지	중간 강도, 느린 속도

강도와 속도를 잘 조합하면 사람들을 집중하도록 만들 수 있다. 말하는 방식을 의도적으로 바꾸면 설득을 하거나, 자신의 입장을 변호하거나, 거절을 할 때에도 상대가 나를 더 신뢰하고 존중하게 만들 수 있다. 이제 억양에 대해 알아보자.

억양의 쓸모

나는 13년 동안 매주 토요일 아침마다 중국어 주말학교에 다녔다. 부모님은 내가 미국에 살더라도 중국인으로서 뿌리를 잃지 않기를 원하셨기 때문에 타협할 수 없는 부분이었다. 부모님께서는 "제시카, 언젠가 네가 중국어를 배운 것을 감사하게 될 거야"라고 말씀하시곤 했다.

주말 아침에 잠을 더 자고 싶었던 나에게 중국어 수업을 듣는 것은 고문 같았지만, 부모님의 말씀은 옳았다. 제2외국어를 구사할 수 있는 능력은 큰 자산이 되었다. 중국어는 내게 개인적인 기회뿐만 아니라 직업적인 기회도 가져다주었다. 덕분에 현재 나는 내 회사인 소울캐스트 미디어를 통해 아시아에서도 활동할 수 있게 되었다.

주말학교 수업시간에는 중국어의 특성도 배웠다. 중국어의 모든 단어는 성조에 따라 발음의 높낮이가 달라지며, 이로 인해 의미도 바뀐다. 따라서 성조를 잘못 사용하면 뜻이 완전히 달라질 수도 있다. 중국어에는 5가지 성조가 있다.

| 높고 평평하게 발음한다. | 음이 올라간다. | 먼저 내려갔다가 다시 올라간다. | 음이 내려간다. | 성조가 없고, 가볍게 발음한다. |

중국어 성조

영어는 중국어처럼 단어나 문장에서 억양이 변하더라도 의미가 바뀌지는 않지만, 전달되는 영향력은 달라진다. 따라서 의도에 맞게 억양을 조절하는 것이 중요하다. 확실성을 전달하고자 할 때는 마지막 몇 마디를 내리며 말하는 것이 효과적이다. 이렇게 하면 우리가 하는 말이 진심이라는 인상을 줄 수 있다. 예를 들면 다음과 같다.

- B가 더 나은 아이디어라고 생각합니다(끝을 내리는 억양).
- 우리가 고객의 문제를 해결하는 방식이 더 많은 혼란을 야기할까 걱정됩니다(끝을 내리는 억양).

반대로 문장의 끝을 올려서 질문처럼 들리게 하면 확실하지 않다는 인상을 준다. 앞의 두 문장 끝을 올려 말해보자. 그러면 메시지의 힘이 약해지지 않는가?

최근 수십 년 동안은 끝을 올리는 말투가 증가하는 추세였다.[38] 이런 말투는 질문을 할 때는 문제가 없지만, 그렇지 않을 때는 발언에 확신이 없어 보이게 만든다.

끝을 올리는 말투는 언제 유용할까? 이 말투는 불확실성을 알리고자 할 때 효과적이다. 예를 들어 "잠시만요"처럼 대화에 끼어들 때 사용할 수 있다. 끝을 올리면서 끝내면 덜 강압적이고 부드럽게 들린다. 다시 말하지만, 끝을 올리는 말투 역시 의도적으로 사용해야 한다.

지금까지 노력해서 스스로 바꿀 수 있는 목소리의 4가지 요소에 대해 살펴보았는데, 발음에 대해서도 알아볼 필요가 있다. 발음은 음성의 요소에 포함되지는 않지만, 전달력에 큰 영향을 준다. 명확하게 발음하는 것의 반대는 중얼거리는 것이다. 중얼거리는 습관을 고치려면 단어의 처음과 끝을 강조하는 연습을 해야 한다.

다음은 소리 내어 연습할 수 있는 단어들이다. 시작과 끝을 강조하면서 읽어보자.

파워(POWER)

컨피던스(CONFIDENCE)

스피킹(SPEAKING)

스트롱(STRONG)

리서치(RESEARCH)

이번에는 다음 문장을 소리 내어 연습하면서 속도에 유의하고, 각 단어의 첫 글자와 마지막 글자를 명확하게 발음해보자. 굵게 표시된 부분은 속도를 늦춰야 할 부분이다.

소통전문가가 되면 메시지 전달을 더 이상 **우연에 맡기지 않게**

된다. 예를 들어 프레젠테이션을 준비할 때 다양한 말투와 어조를 미리 계획하여 효과적으로 전달할 수 있다. 또한 고위 관리자들과의 회의에서는 **목소리 크기를 전략적으로 조절해** 상대방이 당신의 확신을 느낄 수 있게 할 수 있다.

나는 조용한 문화에서 자라 영어가 모국어가 아닌 사람들과 함께 일하면서, 많은 사람들이 주목받지 않으려는 본능 때문에 발음을 불분명하게 한다는 것을 알게 되었다. 그 이유가 자신의 억양을 의식해서든, 상황을 과대해석하기 때문이든 웅얼거림은 말의 효과를 방해한다.

가장 많이 뭉개지는 단어는 in이나 th가 포함된 단어이다. '인in'은 '임im'처럼 들리고 '스th'는 '프f'처럼 들린다. 예를 들어 인저스티스injustice는 '임저스티스imjustice'처럼 들리고, 섬싱something은 '섬핑somefing'처럼 들린다.

이러한 단어들을 명확하게 발음하면 메시지가 더 또렷하게 전달될 수 있다. 자신의 발음이 정확한 건지 확신이 서지 않는다면, 녹음을 통해 바로 확인할 수 있다. 영어뿐만 아니라 모국어도 연습할수록 발음이 더 명확해진다.

시끄러운 뉴스룸의 소리에 둘러싸여 있던 시절을 돌아보면, 목소리 톤은 존재감을 드러내는 데 중요한 요소였다. 특히 조용한 문화에서 자란 사람이 말할 때 영향력을 발휘하는 데 매우 유용한 도구였다. 그래서 나는 목소리를 크게 하거나 공격적으로 말하지 않아도, 의도적으로 다양한 높낮이, 속도, 강도, 억양을 조절하며 주목받을 수 있었다. 또한 목소리 톤에 집중하면 메시지를 내가 원하는 방식으로 전달할 수 있었다.

영향력 있는 사람들은 많은 말을 하지 않는다. 그들은 단지 어떻게 말할지 알고, 다른 사람들이 듣게 만드는 방법을 알고 있을 뿐이다.

- 목소리를 구성하는 5가지 요소는 '높낮이, 속도, 강도, 억양, 음색'이다.

- 음색은 자신만의 고유한 것이기 때문에 바꿀 수 없다.

- 배로 말하면 말에 깊이와 존재감이 생기며, 이는 목소리의 높낮이와 관련이 있다.

- 말의 속도를 조절하면 핵심을 강조할 수 있다.

- 말의 강도를 조절하면 상대의 주의를 끌고 흥미를 유지할 수 있다.

- 억양과 의도는 밀접하게 연관되어 있다.

- 명확하게 발음하면 중얼거리거나 말을 흐리는 것을 방지할 수 있다. 단어의 첫 글자와 마지막 글자에 집중하면 말이 더 분명하게 전달된다.

9장

말보다 강한
신체 언어의 비밀

심장은 두근거리고, 귓가에는 카운트다운 소리가 울렸다.

"생방송 들어갑니다. 셋, 둘, 하나."

나는 깊이 숨을 들이마시며 마음속으로 '시작하자!'라고 다짐했다.

카메라 렌즈를 똑바로 응시하며 텔레프롬프터에 뜨는 단어를 따라 차분히 말을 이어갔다. 감동적인 이야기를 전할 때는 눈썹을 살짝 올려 따스한 감정을 담고, 심각한 주제를 다룰 때는 부드럽게 미간을 찌푸리며 우려를 나타냈다. 특정 단어를 강조할 때는 손짓으로 힘을 실었고, 문장이 끝날 땐 자연스럽게 손을 내렸다. 가슴과 어깨를 편 자세로 자신감과 여유를 담아내며, 내가 아는 모든 비언어적 표현을 활용해 메시지를 전했다.

"잘했어!" 스튜디오 세트장을 나서는 나를 팀장이 반겼다.

"앵커 의자에 앉은 모습이 편안해 보였어."

나는 뿌듯한 미소를 지었다. 듣고 싶었던 말이었다. 이 의자에 앉기 위해 나 자신을 믿고 지지하며 보낸 몇 달간의 노력이 드디어 결실을 맺은 순간이었다. 이제 내가 실제로 해낼 수 있다는 것을 증명해야 했다.

사실 자신이 없었다. 속으로는 잔뜩 긴장한 상태였다. 심장이 두근거리고 손에서 땀이 났다. 텔레프롬프터의 대사를 읽는 동안 단어 하나라도 실수하거나 더듬지 않기를 간절히 바랐다. 오늘이 미래를 판가름하는 단 한 번의 기회라고 생각하고 있었기 때문이다. 다행히도 팀장은 내 몸짓에서 긴장이나 불안을 전혀 느끼지 못했다.

하지만 긴장한 상태에서 편안하고 자신 있게 말한다는 인상을 주기까지 오랜 시간과 많은 노력이 필요했다. 조용한 문화권에서 자란 나는 일을 시작하기 전까지 소통의 기술, 특히 비언어적 표현에 대해 배우거나 깊이 생각해본 적이 없었다.

솔직히 말하면, 부모님은 집에서 포옹, 손잡기와 같은 애정 표현을 거의 하지 않으셨다. 그래서 나도 신체 언어를 통한 표현이 제한적이었다. 의도적인 신체 언어는 TV에서나 볼 수 있는 것이라 생각했다. 예를 들어 가족들이 행복할 때 서로를 다정하게 안아주고, 말할 때 손짓을 많이 사용하는 모습은 특별한 경우처럼 보였다. 심지어 "사랑해"라는 말조차 누군가 외국어를 사용하는 것처럼 낯설게 느껴졌다.

그렇다고 해서 부모님으로부터 받은 사랑이 부족했던 것은 아니었다. 감정을 표현하는 방식이 언어적, 비언어적으로 비교적 조용하게 이루어졌을 뿐이다. 예를 들면 '네가 걱정돼', '널 생각하고 있어'와 같은 마음은 "밥 잘 챙겨 먹어", "밖에 따뜻하게 입고 나가"라는 말로 표현되었다.

그래서 시끄러운 문화를 가진 직장에서 근무하면서, 낯선 사람에게도 노골적으로 감정을 표현하는 모습을 보고 놀라기도 했다.

'와, 시끄러운 문화를 가진 직장 사람들은 표현을 정말 잘하는구나!'

예전과 달리, 나는 그 차이를 해석하는 데 오랜 시간이 걸리지는 않았다. 시끄러운 문화를 가진 뉴스룸에서 내 생각을 명확하고 자신감 있게 표현하는 방법과 내가 옳다고 느끼는 방식으로 말하는 기술을 배워야겠다고 생각했다. 다행히 멀리 볼 필요는 없었다. 방송에서는 모든 억양과 몸짓을 분석하고 측정하며, 메시지와 일치하는지 확인한다.

방송업계에서 일하는 것은 소통에 대해 배우는 강의에서 맨앞자리에 앉아 있는 것과 같다고 말해도 과언이 아니다. 내가 가장 먼저 배운 것 중 하나는 소통이 말, 목소리, 몸짓으로 이루어진다는 사실이었다. 이 중에서도 표정과 몸짓 등이 55%, 목소리와 어조가 38%, 언어적 요소인 말의 내용이 7%에 불과할 정도로 비언어적 요소가 소통에 많은 영향을 준다.[39]

조용한 문화권에서 자란 사람들은 직접적이고 명확한 의사소통이 익숙하지 않을 수 있다. 비언어적 표현은 많은 말을 하지 않아도 메시지를 전달할 수 있어, 자연스럽고 효과적으로 의사를 전달하는 중요한 도구가 될 수 있다.

우리는 신체 언어를 통해 전달하려는 메시지의 핵심을 강조할 수 있다. 일부는 이미 자신도 모르게 사용하고 있을지도 모른다. 우리는 예리한 관찰자로 주변 환경과 사람들을 주의 깊게 살피고 비언어적 단서를 빠르게 포착한다. 눈동자가 살짝 움직이거나 팔을 움직이는 제스처만으로도 의미를 알 수 있다.

하지만 다른 사람의 몸짓은 잘 알아차려도, 자신의 비언어적 신호는 의식하지 않으면 놓칠 수 있다. 다음은 내가 몇 년 동안 해온 신체 언어 전략을 핵심만 정리한 것이다. 이를 연습하고, 실전에서 사용하면 대화에서 우위를 점할 수 있다.

4대 신체 언어 전략으로 차별화하기

신체 언어를 의도적으로 사용하려면, 먼저 자신이 어떤 신체 언어를 사용하고 있는지 파악해야 한다. 이를 위해 머리와 표정, 어깨와 가슴, 팔과 손, 다리와 발의 4가지 영역으로 나누어 살펴보자. 각 영역을 전략적으로 활용하면 긍정적이거나 부정적인 메시지를 전달할 수 있다. 다음 표는 참고하기 좋은 기준이다.

신체	긍정적	신호	부정적	신호
머리, 표정	발표자 또는 청중을 향해 기울임. 생각할 때 고개를 끄덕이면서 잠시 아래를 내려다봄	집중하거나 이해하고 있는 상태	시선이 이곳저곳으로 분산됨	무관심하거나 불확실한 상태
어깨, 가슴	어깨를 뒤로 젖히고 행동할 듯한 자세를 취함. 몸을 앞으로 기울이고 있으나 가슴은 활짝 편 자세	적극적으로 참여하고 있는 상태	어깨가 귀 근처까지 올라가 있고 뻣뻣하게 굳어 있음. 가슴이 움푹 들어가고 구부정한 자세	초조하거나 지루한 상태
팔, 손	**관찰할 때:** 옆에 두거나, 테이블 위에 올려서 공간을 차지하고 있음 **말할 때:** 천천히 손을 사용해 요점을 강조하고, 관련 내용을 제시함	편안하고 자신감이 있는 상태	주머니에 손을 넣거나, 팔짱을 낀 채로 빠르게 몸을 움직임	긴장하거나 이도 저도 아닌 어정쩡한 상태
다리, 발	**앉아 있을 때:** 다리를 꼬거나 반대쪽 무릎 위에 발목을 올린 자세 **서 있을 때:** 양발을 약 30~45cm 간격으로 벌림	안정되고 차분한 상태	다리를 떨며 안절부절못함	불편하거나 불확실한 상태

이 표를 보면 의도적이든 의도적이지 않든 모든 동작이 신호를 전달한다는 사실을 알 수 있다. 이를 신체 언어가 보내는 신호에 대한 지침으로 삼아라. 이제 말의 효과를 극대화하는 신체 언어 전략에 대해 더 자세히 알아보자.

전문가들의 시선과 미소의 기술

누군가를 처음 만날 때 두뇌는 최고조로 작동한다. 새로운 사람의 말을 듣고 평가하면서, 의식적이든 무의식적이든 어떤 사람인지, 믿을 만한 사람인지 결정을 내리는 과정은 빠르게 진행된다. 하버드대학교와 뉴욕대학교의 신경과학자들은 우리가 누군가를 처음 봤을 때 뇌에서 감정학습과 관련된 편도체와 의사결정과 관련된 후대상피질이 활성화된다고 설명한다. 이 두 뇌 영역은 우리가 보고 있는 정보를 실시간으로 처리하고, 상대방에 대한 인상을 결정한다.

연구를 진행한 뉴욕대학교의 심리학과 엘리자베스 펠프스 **Elizabeth Phelps** 교수는 "누군가를 잠깐 마주쳤을 때조차 평가 과정에서 중요한 역할을 하는 뇌 영역이 활성화되어 빠르게 첫인상이 형성된다"고 설명했다.[40] 이 첫인상은 사실 몇 초 만에 만들어진

다. 정확히 말하면 7초가 걸린다.[41]

누군가를 처음 만났을 때 우리 머릿속에서 이런 일이 일어나는 것처럼 상대방의 머릿속에서도 똑같은 일이 벌어진다. 상대도 나의 말과 태도를 보고 신뢰할 수 있는 사람인지 빠르게 판단을 내린다. 이렇게 짧은 시간 안에 많은 것이 결정되는 상황에서 상대에게 좋은 인상을 남기려면 어떻게 해야 할까?

그 해답은 바로 표정에 있다. 말을 할 때 고개를 끄덕이는 방식, 미소 짓는 방식, 그리고 시선 처리 등은 모두 우리가 얼마나 편안하고 자신감이 있는지를 나타내는 중요한 비언어적 신호가 된다.

눈을 마주치는 것은 문화마다 다르게 해석될 수 있다. 조용한 문화권에서 자란 사람들은 상대에 따라 눈을 마주치는 것이 불편하게 느껴질 수 있으며, 특히 권력 차이가 큰 경우에는 더욱 그렇다. 어떤 문화권에서는 눈을 마주치는 것이 무례하다고 여겨지기도 한다.

하지만 시끄러운 문화권에서 함께 일하거나 중요한 메시지를 전달하려 할 때, 눈을 마주치는 것은 말하는 내용에 자신감과 확신을 가지고 있다는 인상을 줄 수 있는 좋은 방법이다. 실제로 연구에 따르면 사람들은 눈을 마주치며 말할 때 더 매력적으로 느끼고, 반대로 눈을 피하면 긴장하거나 불확실함을 나타내는 신호로 받아들일 수 있다고 한다.[42]

편안할 때는 눈을 마주치는 것이 자연스럽지만, 당황하거나 불편한 상황에서는 어떻게 해야 할까?

내 교육 프로그램 중 하나는 어려운 상황에서도 침착함을 유지하고 말문이 막혔을 때 유용한 기술을 알려준다. 정리하면 '시선을 내렸다가 올리고, 간결하게 말하기'다. 먼저, 눈을 아래로 내리면서 고개를 살짝 끄덕여 질문을 인정한다. 이렇게 하면 답을 모르더라도 잠시 생각하고 있다는 인상을 줄 수 있다. 잠시 후, 고개를 들어 상대와 눈을 마주친 뒤 요점을 간단하게 짚어 답변한다.

이 기술은 매우 효과적이다. 당황하면 본능적으로 고개를 돌리거나 눈을 크게 뜨고 눈썹을 치켜올리게 되는데, 이러한 행동은 당황하거나 충격을 받았다는 신호로 해석될 수 있다.

답변하기 어려울 때는 눈을 마주치면서 "좋은 질문입니다. 나중에 답변을 드리겠습니다" 또는 "지금은 답변해드릴 수 없지만 추후에 다시 연락드리겠습니다"라고 사실대로 전달하면, 평정심을 유지하면서도 '어', '음'과 같은 불필요한 말을 최소화할 수 있다.

7장에서는 편안하게 발표하기 위한 팁을 공유했다. 이러한 팁은 발표 흐름을 매끄럽게 만드는 데 중요하지만, 표정은 말로 표현하기 어려운 감정까지 전달하기 때문에 청중은 발표자의 표정을 통해 얼마나 편안하고 자신감 있게 발표하는지를 직관적으로 파악한다.

조용한 문화에서 자란 사람이 청중 앞에 선다는 것은 큰 두려움일 수 있다. 청중의 시선이 부담스러워 직접 쳐다보는 것이 어려운 경우, 그들의 머리 위를 바라보는 것도 좋은 대안이 될 수 있다. 시선을 이리저리 돌리거나 바닥, 천장을 쳐다보는 것보다는 최소한 올바른 방향을 유지하면서 사람들의 머리를 천천히 살펴보는 것이 더 자연스럽고 효과적이다.

UCLA의 저명한 법학교수 제리 강Jerry Kang은 긴장하는 학생들에게 자신 있게 발표하는 방법에 대해 다음과 같은 조언을 했다.

"여러 사람 앞에서 이야기할 때 적어도 한 순간은 특정한 한 명에게만 집중해 보세요. 그러면 그 사람만 방에 있는 것처럼 느껴지고, 그 사람과 대화하는 것처럼 편안함을 느낄 수 있을 겁니다."

그는 발표할 때 먼저 방을 훑어보고 눈을 마주칠 사람을 찾은 후, 몇 초간 그 사람에게 시선을 고정한 채 요점을 전달하고, 그 후 다른 사람에게 시선을 옮긴다고 한다.

눈은 많은 것을 말해주지만, 미소는 사람들이 우리가 하는 말에 진심으로 귀를 기울이게 만든다. 연구에 따르면 행복한 얼굴을 가진 사람이 더 신뢰감을 주는 것으로 나타났다.[43] 미소와 함께 눈썹을 찡긋하면 사람들과 소통할 때 호감도를 높일 수 있다.

하지만 사회적인 미소와 진심 어린 미소에는 차이가 있다는 점에 유의해야 한다. 많은 사람들이 자신은 그렇지 않다고 생각할지 모르지만, 미소를 보면 그 차이를 쉽게 알 수 있다.

사회적인 미소를 지을 때는 입술만 웃고 얼굴의 다른 부위는 움직이지 않는다. 반면에 진심 어린 미소는 뺨이 올라가고 눈동자도 작아진다. 아래 두 사진을 보고, 감정의 차이를 비교해보자. 아래 두 사진 중 당신은 어떤 사람에게 더 끌리는가?

사회적인 미소   진심 어린 미소

확신을 주거나, 설득하고 홍보를 할 때는 진심으로 미소를 짓는 것이 강력한 소통 전략이 된다는 점을 명심해야 한다. 웃으면서 말하는 것은 신뢰를 쌓는 데도 효과적이다. 여기에 시선까지 전략적으로 활용하면 더욱 강력한 효과를 발휘할 수 있다.

말할 때 손을 허리에 붙이지 마라

2015년, 샌디에이고에 있는 ABC방송국에서 뉴스 리포터로 일하게 되었다. 이전에 리노에 있는 NBC와 뉴욕에 있는 타임워너 케이블 뉴스에서 근무한 경험이 있었기에 이곳은 나의 세 번째 직장이었다. 이미 뉴스를 전달하는 법을 잘 알고 있다고 자부했지만, 첫 주부터 여전히 배울 점이 많다는 것을 깨달았다.

새 방송국의 팀장은 효과적인 소통을 위한 매우 구체적인 원칙을 가지고 있었고, 특히 말할 때 손동작에 집중했다.

"절대 손을 허리에 붙이고 말하지 마세요. 당신이 말하는 내용을 시각적으로 보여주면서 사람들의 관심을 끌어야 합니다."

그녀는 우리의 역할이 시청자가 채널을 돌리지 않도록 일정 시간 동안 집중하게 만드는 것이라 강조했다. 특히 그녀는 손동작이 말을 더 잘 전달할 수 있는 도구라고 생각했다. 그래서 중요한 부분을 강조할 때는 무언가를 가리키거나 잡는 제스처를 취하라고 조언했다. 예를 들어 책에 대해 이야기할 때는 책을 직접 들고, 나무에 대해 설명할 때는 멀리 있는 나무를 가리키는 방식이었다.

만약 보여줄 대상이 없다면, 큰 무언가를 표현하듯 양손을 벌리거나 가슴 높이로 들어 올려 요점을 강조하는 등 손을 적극적으로 활용하게 했다. 그녀는 단단한 판자처럼 딱딱하게 서 있는 것

267

을 피하고 자연스럽게 움직이는 것이 핵심이라고 강조했다.

2015년, 빌 게이츠Bill Gates는 현재 TED에서 가장 인기 있는 영상 중 하나로 꼽히는 강연을 선보였다. '다음은 무엇인가? 우리는 아직 준비되지 않았다The Next Outbreak? We're Not Ready'라는 제목의 이 강연은 불과 5년 뒤 전 세계를 강타한 코로나19 팬데믹을 예견한 것이었다. 이 강연은 현재 4,500만 회 이상의 조회수를 기록하고 있다.

이 강연이 큰 반향을 일으킨 이유는 주제뿐만 아니라 빌 게이츠의 발표 방식 때문이었다. 그는 강연을 시작하기도 전에 카트에 군용 드럼통을 싣고 무대에 올랐다. 그는 카트를 세운 후 무대 중앙에서 강연을 시작했다.

"제가 어렸을 때 우리가 가장 걱정했던 재앙은 핵전쟁이었습니다. 그래서 우리 집 지하실에는 이런 통이 있었죠. 그 안에는 음식과 물이 담긴 캔으로 가득 차 있었습니다." 게이츠는 손으로 드럼통을 가리키며 말했다.

"핵 공격을 당하면 지하실로 내려가 몸을 웅크리고 지내면서 저 통에서 음식을 꺼내 먹는 거죠. 하지만 오늘날 전 세계적으로 닥칠 재앙은 이런 모습이 아닙니다." 그는 화면에 있던 거대한 버섯구름 이미지를 가리키고, 그다음에는 바이러스 사진을 가리키며 말했다.

"그것보다는 이렇게 생겼습니다."

그는 2분도 채 되지 않아 말과 제스처로 청중을 매료시켰다. 물론, 팀 회의에서 이렇게 극적인 소품은 사용할 일은 드물 것이다. 하지만 주목해야 할 점은 빌 게이츠가 연설 중 손을 허리에 붙인 채로 서 있지 않았다는 것이다. 그는 손짓을 통해 자신의 말을 강조하고, 청중이 어디를 봐야 할지 안내했다.

이와 같은 기법은 프레젠테이션이나 직장에서 말을 할 때도 쉽게 적용할 수 있다. 실제로, 손을 활용하는 방법을 알면 메시지에 대한 이해를 높여 사람들이 더 오래 기억할 수 있게 된다.[44]

그렇다면 말할 때 사용할 수 있는 효과적인 손동작에는 어떤 것들이 있을까? 다음은 손동작 활용을 위한 몇 가지 예시다. 중요한 것은 자신의 의도에 맞게 사용하는 것이다.

의도	동작
요점 전달하기	두 손을 앞으로 내민다.
신뢰 쌓기	손바닥을 보여준다.
희망 보여주기	손가락 두 개를 교차한다.
수량 보여주기	특정 숫자를 손가락으로 표시한다.
반대 의사 전달하기	주먹을 움켜쥔다.

제스처는 말을 보충하고 메시지를 강화하는 중요한 도구지만,

의도적으로 사용해야 효과를 볼 수 있다. 손을 전략적으로 쓰면 도움이 되지만, 반대로 아무렇게나 움직이면 오히려 주의를 산만하게 하거나 청중의 기분을 상하게 할 수 있다. 손의 움직임에 목적이 없으면 원하는 효과를 얻기 어려울 수 있다. 뿐만 아니라, 예상치 못한 악영향도 고려해야 한다.

- 손을 불규칙하게 움직이면 산만하고 불안해 보일 수 있다.
- 사람을 손으로 가리키면 위협적으로 느껴질 수 있다.
- 팔짱을 끼면 방어적으로 보일 수 있다.
- 몸을 긁는 것은 긴장과 불확실함을 나타내는 것처럼 보일 수 있다.
- 허리에 손을 짚고 있으면 경직되고 불편해 보일 수 있다.
- 주머니에 손을 넣으면 수줍거나 자신감이 부족해 보일 수 있다.

특히 화상 회의를 할 때는 시각적인 요소가 중요하다는 것을 기억하자. 손을 어떻게 사용하는가에 따라 감정을 나타낼 수 있다. 온라인상에서 발표를 할 때는 마우스나 키보드에서 손을 떼고, 손을 활용해 핵심을 강조하는 것이 효과적이다.

자세가 모든 걸 바꾼다

부모님의 말씀이 맞았다. 좋은 자세는 정말 중요하다. 구부정하지 않도록 어깨를 곧게 펴라는 데는 모두 그럴 만한 이유가 있고, 이것은 소통을 할 때도 중요한 역할을 한다. 특히 말을 할 때의 자세는 우리가 느끼는 감정을 전달하는 무언의 신호가 된다. 좋은 자세는 자신감과 확신을 주는 반면, 나쁜 자세는 자신감이 부족하거나 불안한 것처럼 보일 수 있다.

남아시아 시티 프라이빗뱅크의 회장 룽니엔 리Lung-Nien Lee는 비즈니스 세계에서 유명한 리더지만, 여전히 임원이나 사업 파트너와 만날 때 자세에 신경 쓴다고 한다. 그는 회의에 들어가기 전에 자세를 바르게 하기 위해 게임을 만들기도 했다.

"문을 지나갈 때 문틀에 사과가 매달려 있다고 상상합니다. 그 사과를 한 입 베어 물면 어깨가 자연스럽게 펴집니다."

코스탈 캐롤라이나대학교의 연구진들을 자세와 자신에 대한 평가 사이에 상관관계가 있다는 사실을 발견했다.[45] 앉거나 서 있을 때 자세가 곧은 사람들은 스스로를 더 리더십이 있다고 평가하는 경향이 있었다. 그들은 자신감에 차 있고 테이블 뒤쪽이 아닌 앞쪽 가까이에 앉는 등 더 확신을 가지고 행동한다고 답했다.[46]

안젤라 지아 킴Angela Jia Kim은 한류 뷰티에서 영감을 받은 천연스킨케어 브랜드 세이버 뷰티의 창립자다. 클래식 피아니스트로 활동하면서 미국과 유럽을 순회하는 동안, 그녀는 존재감과 자세 사이의 연관성을 관찰하고 연구했다.

"피아니스트로서 배운 가장 중요한 기술 중 하나가 '자세'라고 생각합니다." 그녀가 말했다.

"자신의 몸을 잘 통제하는 사람은 그렇지 않은 사람보다 훨씬 더 존재감이 강하죠. 저는 걷는 방식, 자세 등 모든 면에서 우아하고 침착하며 위엄 있게 보이려고 노력합니다."

다음 회의에 들어갈 때 바른 자세를 하려면 어디에 신경을 쓰면 될까? 먼저 척추에 집중하자. 구부정한 자세는 열정과 에너지가 부족해 보인다. 어깨는 긴장을 풀고 자연스럽게 내려뜨리면 편안하면서도 회의에 참여할 준비가 되어 있다는 인상을 준다. 또한 가슴이 활짝 열려 있는지 점검하자. 움푹 들어가 있으면 자신감이 부족해 보일 수 있다. 활짝 열린 가슴은 자신감과 집중을 나타내며, 준비가 되었다는 신호를 보낸다.

그렇다면 화상 회의 같은 경우에는 자세를 어떻게 해야 할까? 화상 회의에서도 오프라인 회의와 마찬가지로 존재감을 드러내려면 바른 자세가 중요하다. '카메라 배치하기'는 나의 링크드인 교육영상 중 인기 있는 강의 중 하나인데, 카메라 위치에 따라 자세가 어떻게 보이는지 극적인 전후 효과에 대해 알려준다. 예를 들어 집중하고 있고 자신감 있는 모습을 보여주려면 사람들이 당신의 자세를 볼 수 있어야 한다.

그러기 위해서는 카메라 렌즈에서 60~90cm 떨어진 곳에 앉아서 카메라를 눈높이에 맞게 조정해야 한다. 카메라에 너무 가까이 있거나 아래에서 찍히면 머리만 떠 있는 것처럼 보일 수 있다. 카메라가 너무 높은 위치에 있으면 이마에 초점이 맞춰져 보기 좋지 않다. 이렇게 미세한 조정만으로도 인상과 존재감이 달라질 수 있다.

결론적으로, 신체 언어를 잘 활용하면 더욱 매력적이고 효과적인 소통을 할 수 있다. 조용한 문화에서 자란 사람들은 다른 사람의 비언어적 신호를 알아차리는 것이 쉬울 수 있다. 하지만 이것만큼 못지않게 중요한 것은 당신의 신체 언어가 무슨 신호를 보내고 있는지 생각해보는 것이다. 메시지와 신체 언어를 결합하면 말하고자 하는 핵심을 더 잘 전달할 수 있다. 전략적으로 신체 언어를 구사할수록 당신이 원하는 방식으로 주목받을 가능성은 높아진다.

맛있는 요리에 어울리는 고급 와인처럼

앨런 에이브럼스는 핀테크 업계에서 잘 알려진 전문가로, 최근 회사에서 임원으로 승진하면서 대중 앞에서 말하는 기술을 배워야겠다고 생각했다. 새로운 직책을 맡게 되면서 방송에 출연해 회사와 제품에 대해 이야기할 기회가 많아졌고, 이전에 하던 업무와 성격이 달랐기 때문에 빠르게 적응해야 했다.

첫 통화 후, 앨런의 최근 TV 인터뷰 영상을 봤다. 몇 초 만에 그가 불편하고 긴장하는 모습이 보였다. 그의 시선은 진행자가 아닌 테이블에 머물러 있었고, 자세는 구부정했으며, 손은 전혀 보이지 않았다.

나는 그에게 그가 본받고 싶어하는 한 CEO의 인터뷰 영상을 보여주었다. 영상 속 CEO는 편안하고 안정적인 모습으로 보였으며, 손짓은 중요한 내용을 전달할 때 의도적이면서도 자연스럽게 사용했다. 어깨는 진행자를 향해 있어 질문에 집중하고 있다는 인상을 주었고, 각 질문이 끝날 때마다 미소를 지으며 고개를 끄덕인 후 답변을 해서 여유로워 보였다.

앨런과 나는 CEO의 인터뷰를 분석한 후, 몇 주 동안 실전처럼 연습을 했다. 질문을 듣고 고개를 끄덕이는 동작은 그가 답변을 생각하고 있음을 나타내는 신호였다. 또한 요점을 강조할 때 손을 자연스럽게 들 수 있도록 손을 테이블 위에 두는 연습도 했다.

인터뷰가 시작될 때 진심 어린 미소를 짓고, 말할 때 눈을 마주치는 등 표정으로 신뢰감을 주도록 했다. 자신이 어떻게 하고 있는지 점검할 수 있도록 모의 인터뷰를 진행하고, 그 모습을 녹화해 확인했다. 이러한 제스처들이 자연스럽게 느껴질 때까지 연습하고, 영상으로 반복해서 확인하며 수정해 나갔다.

다음은 우리가 진행했던 모의 질의응답이다.

제시카: 앨런, 회사가 향후 5년 동안 달성하고자 하는 목표는 무엇인가요?

앨런: 좋은 질문입니다[잠시 멈추고 미소를 짓는다]. 회사를 위한 큰 계획[손바닥을 편다]이 있습니다[손을 내린다]. 사실 아직은 시작에 불과합니다[손을 탁자 위에서 가볍게 쓸듯이 움직인다]. 내년에는[한 손을 앞으로 내밀며] 아시아 태평양[왼쪽으로 손을 움직인다]과 유럽, 중동, 아프리카[오른쪽으로 손을 움직인다] 시장에 진출할 계획입니다.

말을 하면서 의도적으로 신체 언어를 사용하려면 연습이 필요하지만, 효과적으로 한다면 이것은 음식에 잘 어울리는 와인을 페어링하는 것과 같다. 와인은 음식의 맛을 압도하지 않으며, 오히려 음식의 맛과 전반적인 식사 경험을 더 풍부하게 만든다.

Tip

화상 회의에서 "다른 사람이 카메라를 _끄고_ 있을 때 카메라를 켜도 되나요?"라는 질문을 자주 받는다. 혼자만 화면을 켜두면 어색할 수 있지만, 결론적으로 카메라는 켜두는 것이 좋다. 특히 사람들과 친밀감을 쌓으려면 카메라를 켜는 것이 더욱 중요하다.

비록 일방적인 관계처럼 느껴져 어색할 수 있지만, 표정, 손동작, 몸짓 등 우리가 전달할 수 있는 모든 신호를 활용해 상대방의 기억에 남을 수 있도록 해야 한다.

이렇게 하면 사람들은 우리를 알아보게 되고 기억하며, 친숙함을 느끼게 된다. 그 결과, 상대방과 더 많은 연결 지점이 생기게 될 것이다.

- 신체 언어는 소통을 할 때 말의 내용이나 어조보다 더 큰 영향을 미친다.

- 특정 문화권에서는 권력 관계에 따라 직접적으로 눈을 마주치지 않아야 하지만, 일반적으로 발표자가 청중과 눈을 마주칠 때 발표자에 대한 호감이 올라간다.

- 설득하거나 확신을 주어야 할 때, 판매 및 홍보를 할 때 진심 어린 미소를 지으면 사람들의 마음을 사로잡을 수 있다.

- 의도적으로 손을 사용해 무언가를 잡거나 가리키거나 보여주면서 말의 영향력을 높일 수 있다.

- 바른 자세를 유지하면 상대방에게 신뢰감을 주고, 스스로도 자신감을 느낄 수 있다.

당부의 말

이 책의 내용은 대부분 내가 방송기자로 일하면서 배운 것들에 기반하고 있다. 업계에서 사용되는 강력하고 섬세한 소통 기술이 직장 생활에 어떻게 적용되는지 보면 놀랍다. 기자로 일을 시작하면서, 나는 내 이야기를 하는 것이 아니라 다른 사람의 이야기를 전하는 방법을 배웠다. 늘 질문하는 입장이었기 때문에 내 불안감을 드러낼 필요가 없었다는 점에서 마음이 편했다. 내 안의 어려움과 좌절을 숨길 수 있었고, 직장에서 느꼈던 감정도 숨길 수 있었다.

사실 이 책을 쓰면서 가장 어려웠던 점은 가면을 벗고, 카메라 앞에 서기 위해 스타일링한 머리를 풀고, 직장에서 보이고 싶지 않았던 가장 취약하고 부끄러운 순간들을 공유하는 것이었다. 무엇을 어떻게 해야 하는지 알고 있었지만, 상황이 항상 순조롭게 흘러가지는 않았다. 나는 자신에게 가장 가혹한 비평가였고, 좋아하는 일을 할 수 있다면 내 감정은 중요하지 않다고 생각한 적도 있었다.

이 책을 집필하면서 내용이 나눌 만한 가치가 있는지 고민한 순간도 있었다. 하지만 일을 잘하는 것만 중요한 게 아니라, 그 일을 사람들과 공유하고 드러내는 것이 더 중요하다는 사실을 깨닫게 되었다.

조용한 문화와 시끄러운 문화의 차이를 정리하면서, 그 어느 때보다 많은 사람들과 연결된 느낌을 받았다. 내 생각보다 두 문화 사이에서 균형을 잡기 힘들어하는 사람들이 많았다. 직장에서 보이지 않는 존재가 된 듯한 답답한 기분에 대해 이야기하다 보면, 아이러니하게도 그렇게 말함으로써 이런 사람이 나 혼자가 아니라는 사실을 깨닫게 되었다.

두 문화 사이에서 항상 긴장감을 느끼며 살아가는 조용한 동지들이여, 이 책은 당신을 위한 책이다. 직장에서 자신과 자신의 아이디어를 더 잘 지지할 수 있는 방법을 찾을 수 있도록, 나는 당신에게 가장 든든한 응원자가 될 것이다.

이제 나는 당신이 전략적으로 말하는 방법을 익히고 회의에 자신 있게 참석하는 모습을 보고 싶다. 현재 하고 있는 일을 최대한 부각시켜 자신을 드러낼 기회를 만드는 모습을 보고 싶다. 스스로 기회를 만들고 자신 있게 아이디어를 발표하는 모습을 보고 싶다.

또한 당신의 성과에 대해 어색함 없이 기쁘게 반응하는 모습을 보고 싶다.

자신의 방식을 문화적으로 재구성하고, 전략적으로 행동하며, 효과적으로 소통하는 것은 성공하기 위해 무엇을 어떻게 할지에 대한 혼란을 덜어주는 중요한 전술이다. 이 책은 회의 준비에 필요한 영감이나 구체적인 소통 기술을 빠르게 찾아 적용할 수 있도록 전략적으로 구성되었다.

이 책이 사람들이 일터에서 자신을 드러내고 참여하는 다양한 방식에 대해 더 많은 대화를 나누게 하는 촉매제가 되기를 바란다. 조용한 사람이라고 해서 능력이 없거나 참여도가 낮은 것이 아니다. 오히려 그 반대일 수 있다.

조용한 문화에서 자란 사람들은 보이지 않는 존재처럼 취급되기 쉽지만, 그런 대우를 하지 않는다면 팀과 프로젝트에 큰 영향을 줄 수 있다. 만약 당신이 모두를 존중하는 팀을 만들고자 하는 리더라면 사람들이 관계를 맺고, 시간을 활용하며, 성과를 대하고, 갈등을 관리하는 방식이 다양하다는 점을 이해해야 한다. 이러한 방식은 대부분 어린 시절에 형성된다는 사실을 알게 되면, 그 다양성을 인정하고 존중함으로써 모두에게 더 나은 직장을 만들어 나갈 수 있다.

마지막으로 꼭 알아두어야 할 점은, 직장에서 정당한 이유로 주목받을 수 있는 능력이 이미 당신 안에 있다는 사실이다. 시끄러운 업무 환경에 맞추기 위해 자신의 본모습을 바꿀 필요는 없다. 중요한 건 현명하게 자신을 드러내고 소통하는 것이다.

그렇게 하면 어떤 환경에서도 사람들 앞에서 편안하게 자신을 표현할 수 있게 된다. 비틀거리거나 넘어질 때도 있지만, 그럴 때마다 다시 시도할 용기만 있으면 된다.

이 책에 담긴 모든 내용은 당신을 돋보이게 하기 위한 것이며, 당신은 주목받고 인정받을 자격이 충분히 있다. 사실, 나는 이 모든 과정을 당신과 함께하고 있는 것이다. 우리가 함께할 때 조용한 문화에서 자란 사람들의 진정한 힘을 보여줄 수 있다!

1장

1 "Hobbes, Locke, Montesquieu, and Rousseau on Government," Bill of Rights in Action 20, no. 2 (2004), Constitutional Rights Foundation, https://www.crf-usa.org/bill-of-rights-in-action/bria-20-2-c-hobbes-locke- montesquieu-and-rousseau-on-government.html.

2 "Leadership Principles," Amazon, accessed November 13, 2023, https://www.amazon.jobs/content/en/our-workplace/leadership-principles.

3 "We're Making Work Meaningful for Everyone, Everywhere," Gusto, accessed November 13, 2023, https://gusto.com/about.

4 "See What It's Like inside Enova," Enova, accessed November 13, 2023, https://www.enova.com/culture.

5 Adam Bryant, "Google's Quest to Build a Better Boss," New York Times, March 12, 2011, https://www.nytimes.com/2011/03/13/business/13hire.html.

6 Jeffrey Pfeffer and Robert I. Sutton, "Evidence-Based Management," Harvard Business Review, January 2006, https://hbr.org/s2006/01/evidence-based-management#:~:text=Research%20by%20Wharton%27s%20Lisa%20Bolton,a%20big%20advantage%20over%20competitors.

7 John Van Maanen and Edgar H. Schein, "Toward a Theory of Organizational Socialization," Research in Organizational Behavior 1, no. 1 (1977): 209-64.

8 Natalie Marchant, "People Who Speak More Are More Likely to Be Considered Leaders," World Economic Forum, August 9, 2021, https://www.weforum.org/agenda/2021/08/leaders-talk-more-babble-hypothesis.

9 Albert Bandura, Social Learning Theory (Hoboken, NJ: Prentice-Hall, 1977).

2장

10 N. Simmons-Mackie, "Communication Partner Training in Aphasia: Reflections on Communication Accommodation Theory," Aphasiology 32, no. 10 (2018):1135-44.

11 A. E. Abele and S. Bruckmüller, "The Bigger One of the 'Big Two'? Preferential Processing of Communal Information," Journal of Experimental Social Psychology 47, no. 5 (2011):935-48, https://doi.org/10.1016/j.jesp.2011.03.028.

12 W. Rollett, H. Bijlsma, and S. Röhl, eds., Student Feedback on Teaching in Schools: Using Student Perceptions for the Development of Teaching and Teachers (New York: Springer, 2021).

13 Victor Cheng, "What Interviewers Notice in a Consulting Case Interview," CaseInterview.com, https://caseinterview.com/what-interviewers-notice-consulting- case-interview.

14 A. Ries, "Understanding Marketing Psychology and the Halo Effect," Ad Age, April 17, 2006.

15 J. J. Exline and A. L. Geyer, "Perceptions of Humility: A Preliminary Study," Self and Identity 3, no. 2 (2004):95-114, https://doi.org/10.1080/13576500342000077.

16 J. Haidt, "Elevation and the Positive Psychology of Morality," in Flourishing: Positive Psychology and the Life Well- Lived, ed. C. L. M. Keyes and J. Haidt (Washington, DC: American Psychological Association, 2003), 275-89, https://doi.org/10.1037/10594-012.

17 M. Vianello, E. M. Galliani, and J. Haidt, "Elevation at Work: The Effects of Leaders' Moral Excellence," Journal of Positive Psychology 5, no. 5 (2010): 390-411, https://doi.org/10.1080/17439760.2010.516764.

18 R. A. B. Bush and J. P. Folger, The Promise of Mediation: Responding to Conflict through Empowerment and Recognition (Hoboken, NJ: Jossey-Bass, 1994).

19 Daniel C. Molden, "Understanding Priming Effects in Social Psychology: What

Is 'Social Priming' and How Does It Occur?" Social Cognition 32, suppl. (2014): 1-11.

3장

20 B. Bhattacharyya and J. L. Berdahl, "Do You See Me? An Inductive Examination of Differences between Women of Color's Experiences of and Responses to Invisibility at Work," Journal of Applied Psychology 108, no. 7 (2023): 1073-95, https://doi.org/10.1037/apl0001072.

21 Matthew Solan, "Slowing Down Racing Thoughts," Harvard Health Publishing, March 13, 2023, https:// www.health.harvard.edu/blog/slowing-down-racing-thoughts-202303132901.

22 C. K. Y. Chan et al., "What Are the Essential Characteristics for Curriculum Design to Engage Asian Students in Developing Their Self-confidence?" Curriculum and Teaching 35, no. 2 (2020):25-44.

4장

23 X. Xiaohong and S. C. Payne, "Quantity, Quality, and Satisfaction with Mentoring: What Matters Most?" Journal of Career Development 41, no. 6 (2014): 507-25.

24 Brené Brown, Dare to Lead (New York: Random House, 2018), 189.

25 Humanists@Work, Work Values Inventory, https://humwork.uchri.org/wp-content/uploads/2015/01/ Workvalues-inventory-3.pdf.

5장

26 Kate Sweetman, "In Asia, Power Gets in the Way," Harvard Business Review, April 10, 2012, https://hbr.org/2012/04/in-asia-power-gets-in-the-way.

27 J. M. Kouzes and B. Z. Posner, Credibility: How Leaders Gain and Lose It, Why

People Demand It (Hoboken, NJ: Jossey-Bass, 2011).

28 Alan C. Mikkelson, David Sloan, and Cris J. Tietsort, "Employee Perceptions of Supervisor Communication Competence and Associations with Supervisor Credibility," Communication Studies 72, no. 4 (2021): 600-17, https://doi.org/10.1080/10510974.2021.1953093.

6장

29 Erin Meyer, The Culture Map (New York: Public-Affairs, 2015), 35.

30 M. Liu, "Verbal Communication Styles and Culture," Oxford Research Encyclopedia of Communication, November 22, 2016, https://oxfordre.com/communication/view/10.1093/acrefore/9780190228613.001.0001/acrefore-9780190228613-e-162.

31 E. T. Higgins, "Promotion and Prevention: Regula-tory Focus as a Motivational Principle," Advances in Experimental Social Psychology 30 (1998): 1-46, https://doi.org/10.1016/S0065-2601(08)60381-0.

32 Heidi Grant and E. Tory Higgins, "Do You Play to Win-or to Not Lose?" Harvard Business Review, March 2013, https://hbr.org/2013/03/do-you-play-to-win-or-to-not-lose.

33 Kotter Contributor, "Think You're Communicating Enough? Think Again," Forbes, June 14, 2011, https://www.forbes.com/sites/johnkotter/2011/06/14/think-youre-communicating-enough-think-again/?sh=3819d36275eb.

7장

34 Carmine Gallo, "The Art of Persuasion Hasn't Changed in 2,000 Years," Harvard Business Review, July 15, 2019, https://hbr.org/2019/07/the-art-of-persuasion-hasnt-changed-in-2000-years.

35 S. Liu et al., "How Pause Duration Influences Impressions of English Speech:

Comparison between Native and Non-native Speakers," Frontiers in Psychology 13 (2022), https://doi.org/10.3389/fpsyg.2022.778018.

36 K. H. Teigen, "Yerkes-Dodson: A Law for all Seasons," Theory and Psychology 4, no. 4 (1994): 525-47, https://doi.org/10.1177/0959354394044004.

8장

37 Wendy DeLeo LeBorgne, "Beyond Words: How Your Voice Shapes Your Communication Image," Remodista (blog), June 25, 2020, https://www.remodista.com/blog/beyond-words-how-your-voice-shapes-your-communication-image.

38 "The Unstoppable March of the Upward Inflection?" BBC News, August 11, 2014, https://www.bbc.com/news/magazine-28708526.

9장

39 E. S. Berscheid, "Review of Silent Messages: Implicit Communication of Emotions and Attitudes. 2nd ed.," PsycCRITIQUES 26, no. 8 (1981): 648, https://doi.org/10.1037/020475.

40 New York University, "Scientists Identify Neural Circuitry of First Impressions," ScienceDaily, March 13, 2009, www.sciencedaily.com/releases/2009/03/090308142247.htm.

41 Carol Kinsey Goman, "Seven Seconds to Make a First Impression," Forbes, February 13, 2011, https://www.forbes.com/sites/car olkinseygoman/2011/02/13/seven-seconds-to-make-a-first-impression/?sh=45fa8a272722.

42 C. A. Conway et al., "Evidence for Adaptive Design in Human Gaze Preference," Proceedings of the Royal Society B: Biological Sciences 275, no. 1630 (2008): 63-69, http://doi.org/10.1098/rspb.2007.1073.

43 Y. Dong et al., "Effects of Facial Expression and Facial Gender on Judgment of Trustworthiness: The Modulating Effect of Co-operative and Competitive Settings," Frontiers in Psychology 9 (2018): 2022, https://doi.org/10.3389/fpsyg.2018.02022.

44 Autumn B. Hostetter, "When Do Gestures Communicate? A Meta-analysis," Psychological Bulletin 137, no. 2 (2011):297-315, https://doi.org/10.1037/a0022128.

45 Sarah L. Arnette and Terry F. Pettijohn II, "The Effects of Posture on Self-Perceived Leadership," International Journal of Business and Social Science 3, no. 14 (2012): 8-13, https://ijbssnet.com/journals/Vol_3_No_14_Special_Issue_July_2012/2.pdf.

46 Arnette and Pettijohn, "The Effects of Posture on Self-Perceived Leadership."

옮긴이 이윤정

한국외국어대학교와 한동대학교 통번역대학원에서 공부하고, 현재 출판 번역 에이전시 유엔제이
에서 영어 전문 번역가로 활동 중이다. 옮긴 책으로《크레센도로 살아라》,《무의식적 편견》,《인생을
바꾸는 작은 습관들》,《여자치고 잘 뛰네》,《시너지셀링》,《아르테미스파울》,《Dokdo, 1500 Years
of History》등이 있다.

강한 사람은 조용히 일하고 소리 없이 이긴다

1판 1쇄 발행 2025년 1월 20일

지은이 제시카 천
옮긴이 이윤정
발행인 오영진 김진갑
발행처 토네이도미디어그룹(주)

책임편집 박수진
기획편집 유인경 박민희 박은화 김예은
디자인팀 안윤민 김현주 강재준
마케팅   박시현 박준서 김수연 박가영
경영지원 이혜선

출판등록 2006년 1월 11일 제313-2006-15호
주소 서울시 마포구 월드컵북로5가길 12 서교빌딩 2층
독자 문의 midnightbookstore@naver.com
전화 02-332-3310 팩스 02-332-7741
블로그 blog.naver.com/midnightbookstore
페이스북 www.facebook.com/tornadobook

ISBN 979-11-5851-306-1   03190

토네이도는 토네이도미디어그룹(주)의 자기계발/경제경영 브랜드입니다.